Meie inimesed
Our People:
Estonian stories

Meie Inimesed

Our People:
Estonian stories

PILGRIM

Toimetaja/Editor: Tanel Veenre
Projektijuht / Project head: Liivika Tärk
Kujundaja/Designer: Angelika Schneider
Fotode autorid / Photos: Annika Haas,
Remo Savisaar ja Tanel Veenre
Keeletoimetaja / Language editor:
Helve Hennoste
Lood tõlkis inglise keelde /
Stories translated into English by:
Kristi Tarand
Inglise keele toimetamine /
English-language editing by: Kristopher Rikken
Luuletused tõlkis inglise keelde /
Poems translated by: Doris Kareva

Kaanel kasutatud fragmenti
Annika Haasi fotost.
On the cover a fragment
of Annika Haas' photo.
Tähekaardid raamatu sisekülgedel
Andres Kuperjanovilt: alguses suvine
Eesti öötaevas ja lõpus talvine öötaevas.
Star Charts on the flyleaves
by Andres Kuperjanov.
The front flyleaf—
the summer sky
in Estonia, the back—
the winter one.

Raamatu väljaandmist toetas Eesti
Kultuurkapital/The publishing of this book
was supported by the Cultural Endowment of
Estonia

© Kirjastus Pilgrim ja autorid.
© Tõlge inglise keelde. Kristi Tarand, 2008.
ISBN 978-9985-9913-5-0
Kirjastus Pilgrim 2008
www.pilgrimbooks.ee

Trükikoda / Printed by:
Tallinna Raamatutrükikoda

Jarek Kasar	12
Virve Köster	14
Anu Raud	20
Grete Helena Kütt	30
Peeter Volkonski	38
Maarja Jakobson	44
Pavel Gontšarov	54
Sirje ja Jüri Aavik	60
Andrus Elbing	70
Helena Tulve	76
Mikko Fritze	86
Tiiu Kuik	94
Artur Taevere	100
Lembit Peterson	110
Evar Riitsaar	122
Erko Valk	128
Anna ja Allar Levandi	140
Jaak Tuksam	146
Mark Soosaar	154
Vladislav Koržets	160
Peeter Jalakas	172
Liina Viira	178
Madis Veskimägi	186
Kristiina Ehin	194
Elo Liiv	196
Laine Jänes	204
Niklas Schutting	212
Riina Roose	218
Asta ja Jaanus Tuusti	228
Tiina Kaalep	238
Tatjana Gurova	248
Aigi Vahing	254
Vassilissa	264
Pärt Uusberg	270
Maire ja Meelis Milder	276
Jaak Jõerüüt	286
Viivi Luik	296
Helen Sildna	308
Anne Külanurm	314
Doris Kareva	320

Aitäh Inimestele

Selle raamatu mõte hakkas idanema möödunud suvel. Ühtäkki tundus, et lihtsalt hinge sees hoidmise kõrvalt on eestlased hakanud juurdlema ka iseenda identiteedi üle. Pilk on üha avaram ja julgem – kombates silmapiiri ja taevast, jalgealust ning sisekosmost. Ja otsimas Eesti ning eestlaseks olemise kohta sel kaardil.

Augusti lämbetel päevadel hakkas idee juuri alla võtma: teoks said esimesed väljasõidud Tartusse ja Setumaale. Kohtumised inimestega, nende lugude ja mõtete kuulamine.

Ma olen lõpmata tänulik juhusele, mis meelitas mu seda raamatut tegema. Ma ei saa kindel olla, et muidu oleks saatus mind kokku viinud kõigi nende erakordsete eestlastega. See teekond kinnitas taas minu usku inimesse. Tema kordumatusse, tema hoolivusse, tema sädemesse. Ma sain imetleda sihikindlust, millega on leitud oma rada, ja julgust, millega seda mööda astutakse. Pärast pea iga reisi mõnda maanurka ja kohtumist seal elava eestlasega tundusin iseendalegi armetult väike. Kuid rõõmus oma rahva üle, sest hing sai jälle inimlikkusest tõstetud.

Igal nende kaante vahel sõna saanud inimesel on oma missioon. See võib olla väga isiklik ja lihtne – lihtsalt paremaks inimeseks kasvamine. Aga on ka neid, kes eestlasliku jonniga ajavad oma asja. Kuid pühendumisega tehtud omast võib ühel hetkel saada meie. Liikumine, mis mõjutab palju suuremat välja.

Nõnda on siin kaante vahel ligi poolesaja inimese mõttepildid oma kodust. Vahetud, ausad ja emotsionaalsed. See raamat ei püüa anda eestlastest koondportreed, näidata statistilist summat kõige erinevamatest maailmapiltidest. Iga lugu on erakordne. Iga lugu on väärt kuulamist.

Ladusate esseede asemel on siin ausad mõttepilved. Just nii rabedad, järsud või õrnad, nagu on rääkijale omane. Ilma puäntide ja ilukirjanduslike vinjettideta. Hääled, lõhnad, pildid ja sõnad, mis kasvanud hinge sisse. Lihtsalt.

Thank you to all people

The idea for this book began to evolve last summer. Quite suddenly it occurred to me that aside from the day-to-day business of living, Estonians have started to think more about their identity. Their field of vision is getting wider and their reach farther— from the horizon to the sky, from the earth they stand on into their own being. They are searching for Estonia's position on this expanding map, for the coordinates of what it means to be Estonian.

In the sultry days of August the idea began to take root, and I made my first trips to Tartu and Setumaa in order to listen to people tell their stories and share their ideas. I am infinitely grateful for the inspiration that led me to compile this book, as I am not sure I would have met all these special people otherwise. The journey reaffirmed my belief in people, their uniqueness, caring and the spark within them. I could admire their perseverance in finding their own path and their courage to follow it. I felt somehow smaller after every new meeting, being simultaneously elated at the humanness I had encountered.

Everybody in this book has his or her mission. It may be simple and personal, like just getting to be a better person. Others hoe their own row with the characteristically Estonian quality of *jonn* –tenacity. It may start as "one's own" but with dedication it might turn into "ours". It might start to expand and start influencing a much broader area.

The book contains ideas from about fifty people. They are forthright, honest and emotional images people have of their home. The book does not aim to give a statistical summary of different attitudes. Every story worth listening to stands on its own. They may be gentle or harsh, just like the narrator, but they have not been embellished. No moralizing or agendas here. These are simply sounds, smells, images that have become part of the soul.

Even amidst globalization one cannot fight the feeling of the same country binding people together, of giving them ties to themselves and to each other. We must be bound by roots, after all. And thinking about all my kindred spirits, I believe these roots may be connected in the soil—we just don't see it. Perhaps we never meet on the earth's surface, but something truly essential binds us.

Rootlessness is most keenly felt away from home, when you have momentarily been uprooted from your native environment and are among people who are still rooted. I perceive best what it means to be a native, a local, when I am abroad and seem not to be able to share in some secret to which outsiders are not privy. But I have my own secret: Estonia.

Isegi üleilmastuvas maailmas ei saa selle vastu, kuidas üks maa võib siduda sellel elavaid inimesi. Iseenda ja üksteise külge. Ju meil on ikka juured all. Ning mõeldes kõigile oma hingesugulastele, usun, et need juured võivad veel maa sees omavahel olla põimunud – me ei näe seda lihtsalt. Võib ju olla nõnda, et maa peal oleme üksteisest kaugel, me nagu ei puutugi kokku, kuid miski väga olemuslik seob meid ikkagi.

Juurtetus on eriti hästi tunda kodust eemal olles, siis kui oled kas või hetkeks Eestimaalt välja kistud ja pead juurtetuna viibima teiste, juurtega inimeste seas. Mujal mõistan, mida tähendab olla kohalik – jagada mingit saladust, mida sissetungijatel pole lubatud tunda saada. Üks minu saladustest on Eestimaa.

Olen täheldanud, et kodus olles ei tunne ma kunagi end nii üksi nagu kusagil võõrsil. Kodumaa on vaikiv sõber, kes minu jaoks on alati olemas. Võõrsil üksi jäädes tuleb igatsus ikka peale küll, hoolimata kõigist uutest elamustest. Ma valetaks, kui ütlen, et näen sel hetkel silme ees sinimustvalget või kolme lõvi. Pigem on Eestimaa sel silmapilgul nagu igiomane harjumus, millest ma olen ajutiselt ilma jäetud. Nagu hommikul voodist tõusmine. Nagu hammaste pesemine. Nagu hingamine. Eesti on miski, millega olen koos olnud täpselt sama kaua, kui olen siin ilmas viibinud. Midagi, mis tekitab emaliku turvatunde. Ja nagu enamikku harjumusi, on ka Eesti-tunnet kerge mitte tähele panna. See lihtsalt on. Kuskil. Alati.

Ma kogesin sel teekonnal korduvalt, kui tundlik rahvas me oleme. Ju pidev hämarolek ja värvivaesus on teinud meie meeled ergumaks iga eredama sähvaka puhul. Me oskame veel taluda vaikust. Lugude ülestähendajana sattusin mitu korda kimbatusse, sest eestlased ei loobi sõnu. Jätavad ruumi mõttele ja tundele. Ning mis ehk on kõige ürgeestlaslikum: meil on endiselt säilinud tugev side loodusega. Kuigi ligi pool meist elab linnades, pole maa-mälu veel kadunud. Alateadlik side toimib. Paneb igatsema. Me tajume veel üsna teravalt neid rütme ja võnkeid, mis elavad meist sõltumata kuskil laanes. Või meres. Või taevas.

Ikkagi on nii palju lugusid kuulamata. Sõnastamata. Jagamata. Selles mõttes võiks see raamat olla impulss oma lähikondsete lugude kuulamiseks. Et osataks leida lugusid iseenda ja oma lähedaste seest.

Tanel Veenre

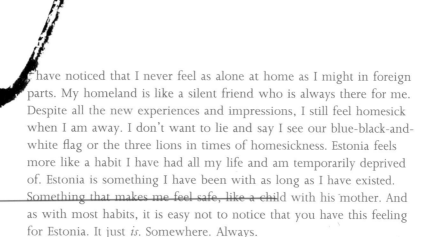
I have noticed that I never feel as alone at home as I might in foreign parts. My homeland is like a silent friend who is always there for me. Despite all the new experiences and impressions, I still feel homesick when I am away. I don't want to lie and say I see our blue-black-and-white flag or the three lions in times of homesickness. Estonia feels more like a habit I have had all my life and am temporarily deprived of. Estonia is something I have been with as long as I have existed. Something that makes me feel safe, like a child with his mother. And as with most habits, it is easy not to notice that you have this feeling for Estonia. It just *is*. Somewhere. Always.

While on my way to meet the different men and women in this book, I experienced now and again what sensitive people we are. Our long twilights and lack of bright colours have made us aware of every brilliant flash. We can bear silence. Putting these stories down I was perplexed more than once, as Estonians are rather sparing with words. Between their words, there is always space for thought and emotions.

And probably the most primally Estonian thing of all: we still have our strong ties with nature. At a time when nearly half of us live in towns and cities, we have not lost the memory of the land yet. The subconscious ties are still active. And it makes us yearn. We still perceive the rhythms and vibrations that exist independently from us in the woods. Or in the sea. Or in the sky.

There are many stories not heard yet. Not put into words. Not shared. Perhaps this book could be an impulse to start listening to the stories of those close to you. And, moreover, to be able to search for these stories within yourself and those you hold dear.

Tanel Veenre

Minu inimesed

osa rahvast
uhkelt rohkem kui oskan lugeda
ühes olen kindel
nad on head inimesed
nad meeldiks sulle ka
mai usu et sa kõiki neid tunned
ja vaevalt nad üksteistki tunnevad
ja äkki tõesti ei klapi
samas äkki on tegu pelgalt halva esmamuljega
nad mõistavad ja
peavad endast lugu ka siis
kui neil puudub kontakt sinuga
kui teid on okkad sidumas
jagades iga mure mõõtmata selle tõsidust
ja vahel piisab pilgust ka
kui pole tundeid sõnadesse tõlgitud
nad ei karda hoolida
ei hoia häid emotsioone alla
kunagi ei soovi nad halba
ja kui juhtub siis juhtus kogemata
jubamöödasunustatud
nad on kõigest süngest üle
argipäeva mured rõhuvalt ümber
nende omavahelisi suhteid
tegelt ei mõjuta üldse
või ma eksin siin? on minu ja teiste elud segi läinud?
kui päriselt ongi teisiti
parem et siis kõik oleks mängult
kuigi on igal ühel enda asjad ajada
on nad kõik selles osa
moodustades rahva
nad on minu inimesed
ja mina olen nende oma
lähen vooluga kaasa

kui süda on suur
siis on vahemaad väiksed
head sõbrad
võibolla mujal ongi parem
seikle aga ära jää võõraks
koos koos koos
koos vallandame tolguseid
koos palkame spetsialistid
kuid keegi ei tee meie eest otsuseid
kui puruks kisti verstapostid
ei lõika keegi läbi meie juuri
tean kes ma olen
kui mäletan kes ma olin
elan mitte aint ei võta ruumi!
isegi kui tuul rannaliivalt uhtus jäljed
inimene ükskõik kui suur kui väike
järjelt kukkund järjel
on inimene ükskõik kuhu lähed
ja sa võid ju liigitada neid
nagu muusikat tema nahavärvi
vaimu tema religiooni
rikkust tema hariduse
misiganes mille järgi
sa võid unustada maa
jättes selle nime ainult uppund laevale
sa võid öelda et maa
mis elab ja hingab tegelt kuulub pangale
a kui kuskil raamatus on see rida
või keegi ütleb laulab
ja ei hoia ainult endale
et mõtleb nii nagu ka sina seda teeks
iga päev näen mis koht on maailm
tihti millised võivad olla teised
on ikka päris suur õnn
et nemad on minul
tahan et nad teaks et mina olen nendel
et nad on

Jarek Kasar

My people

A number of people
more than I can count I'm glad to say
are those with whom I am secure
they are good people
you would like them too
I don't believe you know them all
and it is unlikely that they all know each other
and perhaps they aren't all compatible
at the same time perhaps the doing of it gives
a dreadfully bad first impression
they understand and
appreciate themselves even then
when they lack contact with you
when you are bound with thorns
measuring every sorrow with unmeasured solemnity
and sometimes a glance will suffice too
when feelings haven't been translated into words
they aren't afraid to care
they don't suppress good emotions
never do they wish anyone ill
and if it happens then it happened by chance
already past and forgotten
they are beyond all the grimness
ordinary worries oppressively surround
their private relationships
actually have no effect at all
or am I mistaken here? has my life become mixed
up with the lives of others?
if it really is otherwise
better then if everything was pretence
although everyone has their own affairs to manage
they are all a part of this
forming a people
they are my people
and I belong to them
I go with the flow

when the heart is big
then the distances are small
good friends
perhaps it's better somewhere else
venture forth but don't become a stranger
together, together, together
together we will rid ourselves of the punks
together we will hire specialists
but no one will make decisions for us
when the milestones were torn to pieces
no one cuts through our roots
I know who I am
while remembering who I was
I don't live in one place nor do I take a room!
even when the wind swept the footprints from the
beach sand
a person however large or small
who has invariably fallen evermore
is a person wherever you go
and you can classify them
like music his skin color
spirit his religion
wealth his education
whatever according to whichever
you can forget the land
leaving its name only on a sinking ship
you can say that the land
that lives and breathes actually belongs to the bank
but if that line is somewhere in a book
or if someone speaks sings
and doesn't keep it only to themselves
but imagines how you too would do it
every day I see what kind of place the world is
often how others can be
it is still truly great luck
that they are for me
I want them to know that I am for them
that they are

Jarek Kasar

Viire Köster

Kihnu laulumemm. Kannab uhkusega Kihnu undrukut nii kartuleid võttes kui ka mootorrattaga rahvamajja lauluproovi minnes.

Lauluema ("mother of song") from Kihnu. She wears her Kihnu *undruk* (skirt) with pride whether she is in her potato plot or singing session in the community centre.

Köstri Virve Valgerannas Pärnumaal.
Köstri Virve at Valgerand, Pärnumaa.

Kui ma seda Eestimaad olen läbi käinud – mul on hästi palju sõpru, kes alati
Virvet ootavad –, siis me loodus koos oma orgude ja mägedega on ikka väga
ilus. Olin ükskord Nõo juures ühe kõrge mäe otsas ja seal all oli seitse järve.
Tead, kui kena sügisene aeg oli, maa oli kaetud kirju lehevaibaga.

Ning mulle kui kihnlasele on muidugi meri oluline. Minu
vanemad olid Sorkus (väike saar Manija külje all) majakavahid.
Nõnda me käisime kogu aeg üle mere ja meri oli me elude
ümber – mina ei tahaks elada niimoodi, kus mul vaid maa ümber.
Eriti meeldib mulle tormijärgne adrulõhn. Suvel lähen esimese
asjana mere äärde, hüppan veesse ja kastan end üleni märjaks!
Mulle tundub ka, et meri on lapsest saadik koos minuga kasvanud.

Tead, mis mul veel kõige rohkem meeldib. Istuda kivil ja vaadata merd,
siis kui päike loojub ning kuu tõuseb taeva. Mäletan, kuidas me lapsena
olime õega kahekesi lakas ja vaatasime merele, Hanelaiu poole, ja
laulsime: "Mu kodu on Roslagen Rootsimaa rand, kus õitseb ja haljendab
aas ..." Pilti, kuidas üks tume triip oli kuuvalguses keset täiesti vaikset
merd, seda ma kannan nüüd kogu elu kaasas. Ning kui ma nüüdki lähen
Manijale, ma võin tundide kaupa kivi otsas istuda. Ja meenutada seda
ilusat aega, mis mul on nii südame läinud. Siis tunnen, nagu läheks lendu.

Kui ma Kihnus olen, siis vaatan tihti tähti. Mäletan, kuidas ma lapsena ema käest pärisin: "Ütle
mulle, mamma, et miks on nii palju tähti taevas?" Siis ema vastas mulle ikka: "Seal on kõik
heade inimeste hinged." Ükskõik, kus ma nüüd tähti vaatan, siis mul on igal pool oma täht. Ja
veel kolm armast tähte: ema, vend ja õde, kellega rääkida, kuidas mu elurattake vereb.

Kihnlane armastab oma riiet. Me kanname oma seelikuid iga
päev ja pidude puhul oleme kõik nagu kirjud liblikad! Ka
palavaga on täiskäik peal. Kihnu inimene teeb oma riided ikka
ise, mitte keegi ei seisa niisama, kõik teevad midagi: mõni
kudub kangast, mõni seelikuid, mõni säärepaelu.

Ja laulda me armastame! Kui on mõni päev tähistada, siis ikka laulame üheskoos. Ise olen ma
teinud üle kahesaja laulu. Ükskõik, kus ma olen käinud ja ükskõik, mida olen teinud – kohe
on mul need laulud silmade ees kuni lõpuni välja. Ning laulud räägivad ikka elust: Estonia
hukust, Kihnu rahvamajast, oma lastest ... Kui mind ükskord kutsuti presidendi vastuvõtule –
tead, kui ilus ja südamlik oli –, selle sündmuse panin ka oma laulu sisse.

Mäletan üht eriti ilusat jõululaupäeva ajast, kui Kihnus oli veel
oma kirikuõpetaja. Me olime siis koolilapsed. Kui me siis läbi
kõrge lume kõik kiriku poole läksime ja laternad olid käe otsas –
nagu jaaniussid pimedas voolasid kõik kiriku juurde kokku.
Kirikus löödi kella ja see kajas mereni välja, see oli kõige ilusam
aeg. Kuid siis tuli aeg, kui kellad kadusid ära ja kirikuõpetajagi
käib mandrilt harva külas.

Üks toit, mida ma võin süüa kogu päeva
läbi ja mitu nädalit otsa veel. Kardulad ära
koorida, räimed peale, panniga liha kõrva ja
piima peale – see on minu lemmik toit.

When I journey all over Estonia—I have lots of friends who are
always expecting me to visit them—I feel how beautiful our
country is with its hills and dales. Once I was in Nõo on a high
hill and could see seven lakes. It was a bright autumn day
and all the ground was covered with leaves of many colours.

As I come from Kihnu, the sea is important to me. My parents were lighthouse keepers on Sorku islet, which is off Manija. The sea was around our lives all the time and I could not live in a place where there is only land. How I like the smell of seaweed after a storm! The first thing in summer mornings for me is to go to the sea and throw myself into the waves. I have a feeling that we have been growing up together with the sea.

You know what else I like? To sit on a boulder and look at the sea when
the sun is setting and the moon rising. I remember when I was a child we
used to sit on the open door of the hayloft with my sister and look towards
Hanelaid, singing "My home is in Roslagen, on the coast of Sweden, where
the meadows are lush and green ..." The picture of a darker stripe in the
moonlit sea is always with me. And when I go to Manija now, I can sit on
a boulder for hours and remember the beautiful time that is always in my
heart. There I feel I could take off and fly.

When I am in Kihnu, I watch the stars. When I was small
I asked my mother why there were so many of them
and she answered that all the souls of good people were
up there. Whenever I look at the stars, I have one that
is mine ... and then three more: my beloved mother,
brother and sister to whom I tell how life is treating me.

The people of Kihnu are fond of their garments.
We wear our national skirts every day and on festive
days we are many-coloured like butterflies.
Full dress—even in hot weather. We make
our clothes ourselves, nobody is ever idle: some
weave cloth, some sew skirts, some make garters.

And we love our songs. If there is a celebration, we sing together. I myself have created over 200 songs. Wherever I wander, wherever I go, I have these songs with me, from the beginning to the last one. They speak about life: the sinking of the Estonia ferry, our Kihnu community centre, our children ... You know, once I was invited to the presidential reception—it was so beautiful and heartfelt—this I put into my song as well.

I recall a really beautiful Christmas Eve from the time when Kihnu had its own pastor. We were schoolchildren then. We went through deep snow towards the church and everybody was carrying a lantern—just like glow-worms in the darkness, everybody going to the church. The bells were chiming and their sound echoed all over the island up to the sea, this was the most beautiful time. But then times changed and there were no bells any more and now the pastor seldom comes here from the mainland.

How to make the dish that I could eat all day
and for some weeks running: peel the potatoes,
put small herrings on them, cook, fry up some
meat and drink milk ... what can be better!

Põhjataevas
Meri hiilgehall
Kajakate naer
Ilus oled Isamaa
  Tõnis Mägi

Northern sky
Seal-grey sea
Laughter of gulls
Beautiful homeland

Tõnis Mägi

Raud elab Kääriku talus Viljandimaal. Kasvatab lambaid, koob vaipu, kogub vanavara, hoolitseb Heimtali muuseumi eest ning laeb tudengeid eesti rahvakunsti- ja käsitööpisikuga.

Raud lives on Kääriku farm, Viljandimaa. She raises sheep, weaves rugs, collects antiques, takes care of the Heimtal Museum and instils Estonian folk art and handicrafts in her students.

Anu Raud oma lammastega Kääriku käsitöötalus.
Anu Raud with her sheep on Kääriku handicrafts farm.

Kõik saab alguse maalt. Ega me muidu ütleks Eestimaa. Linn on vaid maa kontsentraat, suur kobarküla. Maainimese silmale on linnas kõike liiga palju: asfalti ja autosid, inimesi ja kaupu, rahutust, rabelemist ja müra. Kõik on parem paraja mõõduga, inimliku proportsiooniga. Oluline, et inimesel oleks jaksu hoolida naabripoisi parandatud või parandamata kolmest. Linnarutus jääb suures kaubakeskuses sureminegi märkamata ... Tahaks loota, et kõik ühikud ei paisu ebainimlikult suureks, põllud ääretuteks lahmakateks ja koolid õppekombinaatideks.

Me lobiseme ülearu, kasutame ülearu elektrit, asfalteerime ülearu, meie saed on liiga suured. Kuid oluline on ka väike, siit leiab kodusooja, turvalisust, loomingulisust ning inimsuhete vahetust. Väikesed vead teevad vähe kurja, suured eksimused seevastu võivad hävitada kõik. Tänu väiksusele on Eestis iga eluvaldkond hästi oluline. Kui oled väike, siis su erikaal peab olema pigem kulla- või plaatinasarnane, mitte põhkkerge.

estlane on maa- ja metsainimene, põlluinimene ja potipõlluinimene. Kui sõita mööda Eestimaad, siis võid näha põllupalvetajaid, kes, küürud taeva poole, on oma põllulapi kohal kummargil. Rohivad, kobestavad, võtavad kartuleid, külvavad, künnavad ... Oma aiamaal toimetamine tundub olevat rahvuslik rituaal. Ma kudusin kunagi isegi selle armastuse vaiba sisse – "Põllukummardajad".

Hiljuti hakkasin üht vaipa kuduma mulla erinevates värvides. Laiuse mäe otsast on selline ilus vaade, kus põlluvagude pesusamet mängib eri mullatoonidega: savisemad punased ja liivasemad kollased ning soisemad mustad. See muster on võrratu!

Kui mina olin noor, siis olid veel kõigil maal vanaemad, nüüd on nad tihti hoopis Mustamäel või Õismäel, emad-isad Lasnamäel. Kelle juurde nõnda suveks sõita? Mina püüan oma õpilaste jaoks olla see vanaema maal, kus nad saavad maalõhna ninna koos rahvakunsti, looduse, loomade, loominguga. Huvitav, et kui paluda lastel joonistada kodu, siis isegi mitmenda põlve kivilinnalapsed joonistavad ikka väikse viilkatusega maja väikse akna ja suitseva korstnaga, ümber aed, kus on puud, lilled ja loomad. Ju elab unistus sellisest kodust meie sees.

Maailm on väikseks jäänud. Lennukiga saab justkui muuseas sõita maailma igasse kanti. Kuid alles see oli, kui minu vanaema kõige kaugem reis oli hobusega seitsme-kaheksa kilomeetri kaugusele Viljandisse laadale. See oli elamus koos limonaadi ja valge saiaga. Siis olid igal kihelkonnal ja kodukohal oma traditsioonid ja kombed, oma elumuster, kindakirjast rääkimata.

Aga kuidas jääda eestlaseks, lükkida esivanemate sajanditepikkusi kogemusi ja oskusi, nende elutarkust tänastesse arengupööristesse, muutliku meelega ellu? Selliseid mõtteid mõeldakse Kääriku talus ja Heimtali muuseumis ning neile küsimustele käivad siin vastust otsimas ja leidmas kunstiüliõpilased mitmest koolist. Hiljuti andsin oma õpilastele ülesande tõlkida Mehhiko stiliseeritud kujundid eesti keelde, teha meile suu- ja silmapäraseks, luua eesti ellu haakuv kujund ja kududa see vaipa. Lahendused olid huvitavad – ühest kotkast sai lausa meie oma varblane, triibuline seelik seljas!

Olen õnnelik, et minu isa oli kirjanik ja ema tõlkija. See on andnud ilusa ja rikastava keelekogemuse. Kõige lähemad murded mulle on Mulgi murre ja Kihnu murrak. Eriti meeldivad värvikad onomatopoeetilised sõnad – oks läks raksatades katki, uks läks prauhti lahti, sajab ladinal ...

Everything begins from country, from land. Estonians call their country *Eestimaa* and *maa* means land, country, but also earth, soil and ground, although each of these also has a separate word in Estonian besides *maa*. A city or town is just "land concentrate", a cluster village. Rural people look upon town as place where there is too much asphalt and too many cars, too many people and goods, too much noise, hustling and bustling. Everything is better when it is in proportion, in moderation, just right. It is essential that a person had time and energy to care about the bad or good marks received by the neighbour's son. In the hustle and bustle of town even death may go unnoticed in a big supermarket ... I would so like to hope that everything is not going to grow too big: fields into vast swathes and schools into big combines of studying. We talk too much, we use too much energy, we cover too much soil with bitumen, our saws are too big. Small is also essential, in smallness one finds the warmth of home, safety, creativity and sincere human relationships. Small mistakes do not do much harm, big blunders may destroy everything. As we are so small, every walk of life is important in Estonia. When you are small, your specific gravity must resemble that of gold or platinum, not of straw.

Estonians are rural people, people of woods, fields and even small allotments. Travelling in Estonia you may frequently see people bending over their vegetable plots or potato patches—bending down as if in prayer, when they weed or hoe, pick potatoes, sow and plough. Being busy in one's garden seems to be a national ritual. Once I wove a rug about it, it was called Field Worshippers.

Recently I started a rug in the various colours of soil. When standing on top of Laiuse hill you can admire the corduroy of different shades of the earth: red soil of clay, yellow soil of sandy fields and black of swampy soils. This is a wonderfully unique pattern.
When I was young, almost everybody had a grandmother in the countryside, but now the grannies are in Mustamäe and Õismäe, mothers and fathers in Lasnamäe. Where to go on summer holiday? I try to be the rural grandmother for my students, at whose place they can breathe in the smells of fields and woods together with folk art, nature, animals and creation.

Isn't it interesting that when kids are asked to draw a home, town children of several generations still draw a small gabled house with a small window and a chimney with smoke coming out, surrounded by a garden with flowers and animals in it. The dream of such a home must still be alive deep within.

The world has become smaller. The plane takes you in every direction without any ado. It was not so terribly long ago when my granny's farthest trip was to the fair in Viljandi, about seven or eight kilometres away. It was a big experience for this little girl, helped along by buns and lemonade. At that time every parish its own traditions and customs, their own pattern of life, to say nothing of the patterns of their mittens.

Mul on hea meel, et meie emakeel on säilinud. Kuid kõrvaga kuuldavat peab
toetama ka silmaga nähtav: vormid, värvid, mustrid. Väikese rahva keel jääb vaid
perekonnasaladuseks. Aga kui siia satuvad välismaalased, siis esimese asjana kõnetab
neid just visuaalne keskkond — olgu see siis rehielamu, Kihnu pulm, rahvuslik käsitöö
või mõni meeldejääv kunstiteos. Minu jaoks ongi hästi oluline proportsioon uue ja vana
vahel. Igal ajal on oma elumuster. Aga kui see liiga kiiresti muutub ning traditsioonidele
ja järjepidevusele ei jää enam kohta, siis tekib inimestes hirm. Nad kaotavad end.
Meie asi on oma esivanemate elu- ja ilutarkusi edasi kanda — oma aja võtmes. Jõuline
osa meie loojatest on olnud seotud pärandiga: Kristjan Raud, Ants Laikmaa, Veljo
Tormis jne. Minevikul ja mälestustel on inimeste jaoks eriline koht ...

Ma olen kuulnud inimesi rääkimas neile olulistest eesti
lõhnadest. Et jõululõhn oli see, kui pestud puupõrandale
pandi uuesti kaltsuvaibad maha. Laupäevalõhn oli see,
kui punastest tellistest köögipõrandale lõigati rohelised
kalmusetükikesed maha ja siis tallati katki. Minu lõhnad on
seotud pühade ja toitudega. Saiaküpsetamise lõhn. Aga ka
laudalõhn, ennevihmane kasepungade lõhn, kuusevaigu lõhn.
Kõik need lõhnad kokku.
Mulle on alati meeldinud eestlaslik segu kokkuhoidlikkusest ja
ilumeelest. Asju tuleb hoida, armsaid asju lõpuni kanda, nõeluda
ja paigata, et mitte saada vahelüliks kaubamaja ja prügimäe vahel.
Hingetuid rämpsasju on liiga palju meie ümber. Ning see laieneb ka
inimsuhetele. Tüdinetakse ka üksteisest, ei osata suhteid paigata.

Mäletan oma esimest välisreisi
Prantsusmaale koos Juhan Peegliga.
Ja tema ohet: "Tahaks tangusuppi,
tahaks valget viina!" Mina tean alati
väga hästi, mida ma välismaal olles
hakkan igatsema. Reisil olles võtan
oma magamiskohas väsinuna igal
õhtul ühe kääru musta leiba.

How to remain Estonian, to fit the ancestors' centuries-old experience and skills, their wisdom into today's twisting and turning life and changing mind? These are the thoughts contemplated on Kääriku farm and in Heimtali museum and art students of several schools and colleges come to find answers to the questions. Recently I gave my students an assignment to translate Mexican stylized figures into Estonian, make them more familiar to us, make an image that would be connected with Estonian life and make a rug of these images. The solutions were interesting—an eagle became our familiar sparrow in a striped skirt.

I am happy that my father was a writer and my mother a translator. This has given me a beautiful and enriching experience of language. The dialects that are closest to me are those of Mulgimaa and Kihnu island. I am especially fond of colourful onomatopoeic words—*oks läks raksatades katki, uks läks prauhti lahti, sajab ladinal ...*

I am happy that our own mother tongue has survived. What you hear, though, must be supported by what you see: shapes, colours, patterns. The language of a small nation is like a family secret. For foreigners the visual environment comes first—be it the old farmhouse, a wedding in Kihnu, national handicrafts or some piece of art worth remembering. For me the proportion between the old and the new is really important. Every period has its own pattern of life. But if it changes too quickly and there is no place for traditions and continuity, people become scared. They lose themselves. It is our duty to pass on the ancestors' wisdom and sense of beauty, keeping in mind that the key lies in the present. A better part of our creative people have had close connections to our heritage— Kristjan Raud, Ants Laikmaa and Veljo Tormis to mention but a few. The past and memories have a special place in people's lives.

I have heard old people speaking about special Estonian smells that are important to them. That the smell of Christmas is the smell of clean wooden floors when the rugs of rags were put back after scrubbing the boards. Saturday smells came from the green calamus that was cut onto the red brick floor of the kitchen and crushed underfoot. My smells are connected with holidays and food. Fresh baking smells. But also the smell of the barn, the smell of birch buds before the spring rain, the smell of spruce resin. All these smells together.

I have always appreciated the Estonians' mixture of economizing and sense of beauty. Things must be taken care of, things that have a meaning should be worn as long as possible, they should be mended and patched and a person should not be only a link in the chain between the department store and the dump. We have too much soulless junk around us. Unfortunately, it has had its impact on human relationships as well. Getting bored with each other, people are not prepared to patch the relationship.

I remember my first trip abroad, to France, together with Juhan Peegel. And his sighing, "I'd like a bowl of barley soup, I'd like a drink of vodka." When abroad I miss our rye bread the most and always treat myself to a slice when, exhausted, I am back at the place I am staying the night.

Kütt,

peaaegu tavaline tüdruk, kes unistab Eestimaast, kus kõik on õnnelikud.

an almost ordinary girl who dreams of an Estonia where everybody would be happy.

Grete Helena Kütt Vääna jõe ääres.
Grete Helena Kütt at Vääna River.

Tihti olen mõelnud, kuidas olen sattunud elama siia väikesesse Eestisse, kuigi maailmas on nii palju riike. Miks ma ei sündinud näiteks Indias, Hispaanias või hoopis Ameerikas?

Aga miks mul ongi vaja minna kuhugi suurde riiki, kui olen sündinud nii mõnusal maal nagu Eesti? Kõige tugevamini hoiab mind selle maa küljes siinne imeline ja mitmekülgne loodus.

Tahaksin, et mõisted "kodu" ja "kodumaa" oleksid inimesele samatähenduslikud. Nagu ei visata prahti oma koduõuele, ei viida seda ka metsa alla, sest kõik Eestimaa metsad, jõed ja järved on minu kodu. Minu õnn on see, et olen üles kasvanud vabas Eestis ja tunnetan kogu Eestimaad m i n u koduna. Seepärast ei tule mul pähegi loodust risustada, prahti maha loopida või veel hullem – midagi varastada.

Vanavanemate juures Võrumaal Urvastes tunnen, et siin on minu õige koht. Milline loodus! Millised vaated! Kui armsad ja lahked inimesed! Samas näen, kui raske on neil seal eluga toime tulla. Poodi pole kümnete kilomeetrite raadiuses, busse ei käi üldse ja tööl käia pole inimestel kusagil. Süüakse seda, mis kasvab oma aias või laudas. Mul oli nii kahju oma heast sõbrast Mariist, kelle eluunistus oli saada korvpalluriks. Tema treener ütles, et ta on korvpalluriks loodud. Ta elas sealsamas Urvastes, aga trennis käis Võrus. Oli ainult üks buss, millega ta sai trenni minna. Kuid siis võeti see buss liinilt ära ning tal polnud võimalik enam trennis käia ja ta eluunistus purunes. Praegu õpib Marii juba Itaalias ja karta on, et Urvastesse, kus puuduvad võimalused sportimiseks ja muuks enesearenduseks, ta enam tagasi ei tule.

Minagi püüan oma vanematele auku pähe rääkida, et läheksime Urvastesse elama. Nemad vastavad: siis sa ei saaks ju käia muusikakoolis, õppida prantsuse keelt ja vanematel poleks tööd ... Tegelikult on neil ju õigus! Ma ei saa oma huvialadest loobuda. Maalastel aga on jällegi see õnn, et nad elavad nii heas keskkonnas, kus inimesed on lahked, autod ei saasta õhku, metsloomi näed koduaknast, sööd kodu leiba ...

Mina unistaksin kas või sellestki, et Eestimaa külades taastuks maaelu kui eluviis. Inimesed peaksid loomi, kasvataksid vilja ... Minu vanaisagi pidas paari lehma, kuid enam ta seda teha ei saa, sest piimaauto ei tule paari lehma pärast sinu juurde, meiereisid on üha vähemaks jäänud ja lähikonnas pole piima kuhugi viia. Väga tore oleks, kui igas külas oleks meierei, kus valmistataks juustu ja kohupiima, mis seejärel müüki viidaks. Inimesed elaksid siis palju tervislikumalt ning keegi ei saaks öelda, et see ei ole hea toit – sest enda tehtud toit on kõige parem.

I have often been thinking how it happened that I live just here in small Estonia when there are so many countries in the world. Why was I not born in India or Spain or even in America? But why should I think of some big country when I was born in such a pleasant one like Estonia? What ties me to this country most of all is the wonderfully variegated nature.

I would like the words "home" and "homeland" to have the same meaning to people. Just like you do not litter your yard and garden, you should not take the garbage into the forest either, because all the forests, rivers and lakes of Estonia are home. I have been fortunate to grow up in free Estonia and can feel the whole of the country to be MY home. I have never littered, polluted or stolen anything.

In Urvaste, at my grandparents' I feel I am at the right place. What wonderful nature! What superb views! What lovely and kind people! At the same time, however, I see how difficult it is for them to cope. There is no shop for miles, no bus line reaches the place and there are no jobs. People eat what grows in their own garden or byre. I am so sorry for my good friend Marii who dreamed of becoming a basketball player. Her coach said that she was a natural. She lived in Urvaste but trained in Võru. There was only one bus that she could use to get there. But then the bus line was closed down, she had no possibility to get to Võru, and this was the end of her dream. Now Marii studies in Italy and I am afraid she will never return to Urvaste where there is no opportunity to play sports or better oneself in some other way.

I have tried to persuade my parents to move to Urvaste. But they ask me what will happen to my music school, my French lessons and their work. They are right, unfortunately. I cannot give up what I love. Still, rural children live among kind people, where cars do not pollute the air they breathe, where they can eat homemade bread and see wild animals from the windows of their home ...

I have a dream that Estonian villages would survive, that the mode of life would survive. That people could grow grain and raise cattle ... My grandpa had a couple of cows but now he cannot do it any more as the dairy van would not come so far and he has nothing to do with the surplus milk, there is no dairy any more close by. How nice it would be if every village had its own dairy to make cheese and cottage cheese to be sold in the vicinity. People would have a healthier diet and everybody knows that the food made close by is the best for one. And how nice it could be if there were a small bakery next to the dairy. Why do we have to eat the same bread all over the country? Why could I not eat Urvaste bread in Urvaste and Hiiu white bread in Hiiumaa?

I like the words of the popular song "Oh, Estonia, when your village lives, you will survive ..." It is not a happy country, I guess, where only the people who live in and around the capital are happy. I have a dream, I have a wish that the WHOLE of Estonia were happy. The country where no inhabitant lacks the necessary things only because he or she lives at a "wrong" place. The country where every child has equal opportunities to grow up an educated, honest and patriotic person who loves the homeland.

Väga tore oleks, kui meierei kõrval oleks ka väike pagaritööstus. Olen tihti mõelnud, miks pean ma igal pool sööma seda ühte ja sama saia või leiba. Vahva oleks, kui saaksin Urvastes süüa Urvaste leiba ja Hiiumaal Hiiumaa saia.

Mulle meeldivad populaarse laulu sõnad: "Oo, Eestimaa, kuni su küla elab, elad sina ka …" Arvan, et riik, kus inimväärset elu elavad ainult pealinnainimesed, ei saa pidada end õnnelikuks maaks. Aga mina unistan ja tahan, et k o g u Eesti oleks õnnelik maa. Maa, kus ükski elanik ei peaks millestki puudust tundma seetõttu, et on sattunud "vales" kohas elama.

Maa, kus igal lapsel on võrdne võimalus kasvada haritud, ausaks ja oma kodumaad armastavaks inimeseks.

muusika-,
kirjanduse- ja
teatrimees

Peeter Volkonski,

man of music,
literature
and theatre

Peeter Volkonski oma lapsepõlve mängumaal Männiku metsas.
Peeter Volkonski at his childhood playground in Männiku forest.

Kui telekanal ORT valmistas ette saatesarja Vene tuntud aadlisuguvõsadest, käisid nad ka Keila-Joal Volkonskite mõisa uurimas. Muu jutu sees küsis saatejuht, minu kauge sugulane Fjokla Tolstaja, kas ma ütleksin kahe sõnaga, mis kõige paremini iseloomustab eestlast. Ma vastasin, et kahte sõna pole tarviski, piisab ainult ühest sõnast ja see on "kodu". Kodu kui kultuuriruum. Venelastel näiteks puudub "kodu" mõiste ja sõna sellisel kujul, nagu see on eestlastel.

Sellega seoses meenub mulle veel üks lugu. Lavastaja Mikk Mikiver viis ühe vene kolleegi oma sünnikoju Loksal ning näitas seal üsna tavalist mätast – vot see ongi minu kodu. Venelane muidugi ei uskunud – no ei ole võimalik niimoodi oma kodu mõtestada! Kuid samal ajal ka tunnistas, et tal on kohutavalt kahju, et temal sellist mätast ei ole. Selles mõttes eestlane laeb talle olulise koha tähendusega, teeb sellest märgi. Minu jaoks on üks eriline koht Nõmmel. Kagu tänaval asuva lapsepõlvekodu vastas metsas on üks mänd – sellise oksaga, kus sai hästi istuda. Hiljem muide tuli välja, et selsamal oksal istus lapsena ka minu ema.

Me ei tohiks segamini ajada venelasi ja sovette. Ma olen unistanud sellest, et Eestis tekkiks eestivene kultuur. See on ju ajalooliselt haruldane võimalus siinsetel noortel luua oma kultuur. Nii nagu soomerootslaste hulgas on tuntud kirjanikke ja intellektuaale. Jah, mingil määral on see juba tõesti olemas, kuid veel suhteliselt väeti ja nõrguke ning seda pole eriti kuulda, justkui omaette suletud süsteem, nagu ka Vene teater Tallinnas (muuseas – huvitav, mitu inimest nendest, kes pronksiööl märatsesid, on kas või kordki jala üle selle teatri ukse tõstnud?). Tuleb välja, et polegi õieti, kellega ja kellele seda kultuuri jagada. Olen täielikult venekeelse gümnaasiumihariduse poolt, kui selle eesmärk oleks sovettide laste venelasteks kasvatamine. Teise kultuuri integreerida on võimalik ainult neid, kellel on oma kultuur olemas, mitte juurteta massi. Ja mis puutub eestistamisse, siis seda võib teha inimese nimega, inimest ennast saab ainult Eestistada.

Eesti keel on jube keeruline, seda on võimalik omandada vaid tunnetuse kaudu. Võtame "süsi, söe, sütt" – sel puudub täielikult loogika! Või eesti keele välted – germaani, slaavi ja romaani keeleruumis elavaile on see midagi täiesti arusaamatut. Kuigi tegelikult on võimalik täiuslikult omandada ainult surnud keeli. Kahjuks.

Ma tulin just Hispaaniast Galiitsiast. Sealsel rahval on küll keel suures osas kadunud, kuid nende rahvamuusika elab endiselt. Usungi, et keel võib kaduda, aga muusika elab edasi. See tuleb nii sügavalt.

Mis mulle eestlaste puhul meeldib, on üks selline väga ilus sõna – "aasimine". See ei ole mingi kadedus ega vihkamine, vaid aasimine. See on omamoodi hoolimise vorm. Ja tegelikult kuulub sinna alla ka väide, et eestlase rahvustoit on teine eestlane. Eks ole seegi aasimisi öeldud, aga nüüd juba tunduvalt laiemalt – terve rahvas aasib ise enda kallal. Järelikult hoolib.

When the TV channel ORT was making preparations for a series about well-known Russian aristocratic families, they also visited Keila-Joa and the Volkonskis' manor there. Among other things the presenter, my distant cousin Fyokla Tolstaya, asked me to characterize Estonians in two words. I told her that I did not need two words, one was enough and this one word was "home". Home as cultural base. The Russians, for example, do not have the term "home" with the same meaning as the Estonians do.

Another story I just remembered. Theatre producer Mikk Mikiver took a Russian colleague to his birthplace in Loksa and showed him an ordinary clump of sod—see, this is my home. The Russian did not believe him—it is just not possible to interpret the meaning of home that way! But at the same time he acknowledged that he was terribly sorry not to have a tussock like that anywhere. In this sense the Estonian charges an important place to him with meaning and makes it a symbol. For me there is an important spot in Nõmme. Across from my childhood home in Kagu Street grows a pine tree in the forest. It has a branch that seems to be made for sitting on. Later it turned out, by the way, that my mother had been sitting on the same branch when she was a little girl.

We should not mix up the Russians and the Soviets. I have been dreaming about the Estonian Russians' culture evolving in Estonia. It is a unique opportunity for the local Russian youth, an historical opportunity. Like the Finnish Swedes, who have recognized writers and intellectuals. To some extent, there already is something but this something is very small and weak still, it is not heard in its closed system. Just like the Russian Theatre in Tallinn (by the way, it would be interesting to know how many of the Bronze Night's vandals have stepped over the threshold of this theatre at least once). It turns out that there is almost nobody to share this culture with. I totally support the Russian-language secondary education if it could turn the Soviets' children into Russians. It is possible to integrate into another culture only these people who have a culture of their own, it is impossible to do it with rootless masses. And as to making things Estonian, this can be done with the person's name, but a person can only become Estonianized in the sense of making that person part of the nation-state of Estonia.

The Estonian language is really complicated, it can be mastered only on an intuitive level. Let us take the word (coal): *süsi—söe—sütt*—no logic whatever. Or the variable sound duration—absolutely incomprehensible for somebody who lives in Germanic, Slavic or Romance linguistic space. Actually, of course, only dead languages can be mastered perfectly. Unfortunately. I have just come back from a trip to Galicia in Spain. The people have mostly lost their language but their folk music is alive. I believe that language may disappear but music survives. It has such very deep roots.

What I like about Estonians is something expressed with a beautiful word, *aasimine*. It is not jealousy, nor envy, neither is it hatred, it is *aasimine*—gently ribbing someone. It is a peculiar form of caring. And even the Estonian statement that the Estonians' national food is another Estonian belongs to the same category. At first it was said *aasimisi* (joshingly) but now the whole nation is poking gentle fun at itself—i.e. they care.

Maarja Jakobson

elab ja näitleb peamiselt Tartus, kuid unistab jaapani stiilis majast ja aiast Kallastel Peipsi ääres.

basically lives and works in Tartu but dreams about a Japanese-style house and garden in Kallaste.

Maarja Jakobson Tartus Supilinna hoovis.
Maarja Jakobson in Tartu's Supilinn.

Eestist teevad mu kodu loodus ja inimesed. Kodu on inimesed, mitte asjad, sellest olen aru saanud. Iga koht võib olla kodu, kui ise selle endale koduks teed.

See, kui vaene ja vilets oli mu kodu Eesti, sai selgeks esimestel välismaareisidel. Aastaid oli mul reisides pidev alaväärsustunne (algav ja kestev teismeiga veel lisaks). Vabanesin sellest suures osas alles aastatel 2000 ja 2001 Berliinis elades.

Ma arvan, et Eestis on sümbolitega natuke kehvasti. Minu jaoks on kõige esimene koduga seonduv sümbol meie Pangodi-saun (kui saun saab üldse sümbol olla). Jõudsin seal elada vaid 11 aastat, siis läksin Tallinna kooli. Pärast seda olen elanud paljudes kohtades nii Eestis kui ka kaugemal, aga Pangodi Tartumaal on minu jaoks siiamaani kodu. Loodan, et ühel päeval saan sõnaga "kodu" nimetada ka päris endale kuuluvat kinnisvara. Eks siis paista, mis kodu sümboliks saab.

Mu mõlemad vanemad on eesti filoloogiat õppinud, ema sellele lisaks veel rahvaluulet. Unipiha algkoolis, kus mu vanemad õpetasid, õpivad kõik lapsed rahvalaule laulma. Nii ka meie õega. Lapsena ma vahel häbenesin ema, kui ta kartulivõtmise vaheajal päikese väljatulemise laulu laulis (kui juhtus vihmane ilm olema), hiljem oli mul kombeks Tartusse kooli sõites kehva ilmaga sedasama teha, muidugi vaikselt ümisedes. Ja ma ei ole kunagi märjaks saanud!

Eestlase identiteet on siiani olnud tugevalt maaline, viimasel sajal aastal suunaga linna poole. Linn aina tugevneb, aga paistab, et kasvava jõukuse ja Eestimaa suhteliselt hõreda asustatuse korral on võimalik need kaks suunda moodsalt ühendada.

Viimaste aastate jooksul olen jõudnud äratundmisele, et ma ei saa hakkama ilma oma maalapita. Kui maa kevaditi lõhnama hakkab, siis on sõrmede mulda pistmine lausa füüsiline vajadus. Just see esimene tung on kõige tugevam. Suve jooksul mu mullaarmastus rohimise ja kitkumise tõttu mõnevõrra lahtub, et sügisel, saagikoristamise ajal seda tugevamini tagasi tulla. Igasügisene lõputu sissetegemine oli mulle kasvamisajal tüütu kohustus, nüüd saan aru, et tegemist on unikaalse olemis- ja elamisviisiga. Meid sunnivad tagant iidvanad korilaseinstinktid, mis kapitalistliku kaubakülluse ajal on uinunud olekus. Olen kindel, et niipea kui ajad muutuvad raskemaks, ilmutavad need ennast taas.

Maa annab inimesele elujulguse. Kes hoolitseb maa ja kõige kasvava eest, sellel ei tohiks enam olla hirmu surma ees. Surm on lihtsalt tsükli loomulik osa, tärkamise ja uuestisünni vältimatu eeldus. Ma usun, et unustamisele vaatamata on Eestis endiselt inimesi, kes pärast marjul- või seenelkäiku maaemale ja metsavaimudele aitäh ütlevad. Ka ma ise kuulun nende hulka.

Nature and people make Estonia my home. Home means
people not things, this I have perceived. Every place can be
home if you make it yours.

It became clear to me how poor and miserable
my home Estonia was when I first travelled abroad.
For years I had a deep inferiority complex abroad
(the beginning and lasting teenage years an additional
burden). I got rid of the feeling only when I was
living in Berlin in 2000 and 2001.

I think that we are not too fortunate with our symbols. As for me personally, the first symbol of home was our sauna in Pangodi (if a sauna can be a symbol at all). I could live in Pangodi only for 11 years and then I had to go to school in Tallinn. After that I have lived at various places in Estonia and abroad but Pangodi in Tartumaa is still home. I hope that one day I'll be able to use the word "home" for some real estate that belongs to me and I will discover a new symbol of home then.

Both my parents studied Estonian philology, and my mother
studied folklore as well. At Unipiha primary school, where my
parents were teaching, all children learned to sing folksongs.
My sister and I did too. As a child I was sometimes embarrassed
when during a break in potato picking, my mother broke into
a song to lure the sun out of the grey clouds. Later, however,
I did the same when I was on my way to school in Tartu and
the weather was bad. I only hummed the song to myself but
I have never got soaked.

Estonian identity has been closely connected with our countryside,
but the last hundred years have given it a tilt townwards. The town
gains in strength and power but it still seems possible to find
a harmony between the two trends in a sparsely populated country
like Estonia, where affluence is growing.

Recently I have realized that I cannot do without a plot of land of my own. When the soil starts smelling fresh in spring I feel an urgent need to get my fingers into it. This first urge is the strongest, in summertime my love for the soil is dampened, mostly owing to weeding, but when harvest comes, it is all there again. When I was growing up the endless harvest-time preserving and conserving was an irksome duty but now I understand that this is a unique mode of life and existence. The ancient instincts of hunter-gatherers push us on although we thought they were asleep amidst our capitalistic abundance. If times get harder, I am sure they will all wake up again.

The soil gives the man courage to live. Anyone who takes care of the soil and everything that grows in it should forget fear of death. Death is a natural part of the whole cycle, something that makes resurrection, the new growth possible. Even if there is much we have forgotten, I think there are still people in Estonia who give thanks to Mother Earth or the spirits of the woods after picking berries or mushrooms. At least I am one of them.

Kohtusin sel suvel noore naisega, kes teadis ussisõnu. Ta oli need saanud päranduseks oma teadjanaisest vanatädilt. Vaatasin teda, silmad imestusest pärani, ja värin üle keha jooksmas. Olin väga rõõmus. Selline tunne oli, nagu oleks ta aja üle kavaldanud, saanud elavalt inimeselt päranduseks selle, mis tänapäeval muuseumi jagu.
ssisõnu tänases igapäevaelus ju nii otseselt nagu varem vaja pole, kuid neid võiks näiteks liikluses katsetada manasõnadena purjus juhtide vastu ("Ussikene sissikene, ära mind salaja salva, nägemata näpistaie" läheks ju küll). Üks mu sakslasest sõber ütles meie keelt kuuldes, et räägin haldjate keeles. Umbusk, kasetoht, veriora.

Kui siiani uskusin ikka, et eestlase tarkus on allesjäämise, alalhoidmise tarkus, siis praegu, ennast surnuksjoovat ja surnukssõitvat Eestit vaadates on mul sageli tunne, et see tarkus on nüüdseks otsa saanud. Võib-olla on viinauimas kergem välja surra kui kaine peaga.

Eesti valu ja mure ongi allesjäämine. Ainus rõõmustav asjaolu on see, et ka suurtel rahvastel on samad mured. Olles positiivne ja õnnelik inimene, olen siiski üsna kindel, et valge euroopalik kultuur, kuhu me kuulume, on kaugemas tulevikus väljasuremisele määratud. See ei kao kindlasti jäljetult, vaid seguneb ja lahustub nagu paljud eelnevadki kultuurid. Ja selles ei ole midagi traagilist.

Kirjutan selle loo lõppu Tallinna–Tartu bussis. Tagumisest pingist just tuli naisterahvas ette bussijuhile ütlema, et taga on kamp noorukeid põrandale oksendanud ja kusnud. Eestlased. On esmaspäeva õhtu novembris 2007.

Last summer I met a young woman who knew an incantation against snakebites. She had inherited it from her great aunt, a wise woman. I stared at her with wide-open eyes and trembled. I was really glad that she had directly inherited something that today belongs to museums.

Our everyday life does not need charms and spells just for snakes but we do need them to avoid drunk drivers, for example. Wouldn't it be wonderful to say—*ussikene sissikene, ära mind salaja salva, nägemata näpistaie*—and feel safe on the roads? One of my German friends, hearing our language, said that I spoke the language of fairies …*Umbusk, kasetoht, veriora*.

While I have been believing that Estonian wisdom lies in preserving and surviving, I am afraid that this wisdom has run out—look at the people who drink or drive themselves to death. Perhaps it is easier to become extinct when you are intoxicated.

Survival is our pain and worry. It is a small comfort that bigger nations face the same problems. Although I consider myself an optimistic and positive person, I am convinced that the white European culture, as well as our culture, will be extinct in the distant future. It may not disappear totally but it will get mixed and dissolve like many a culture before. There is nothing tragic about this.

I am writing the end of the piece in the bus that is taking me from Tallinn to Tartu. Just now a woman came up from the back of the bus to inform the driver that a gang of youngsters have vomited and urinated on the floor … It is a Monday evening in November 2007.

Blue shadows
Footprints of goats in the garden
Under the apple trees

Jaan Kaplinski

Pavel

sündis Narvas sisserännanud venelaste peres. Praegu tegutseb kodulinnas Viru Maakohtu esimehe ja peakohtunikuna ning ehitab Narva-Jõesuusse unistuste kodu.

Gontšarov

was born in Narva to a family of immigrant Russians. At present he is the chairman of the Viru County Court and chief judge in his hometown and is building his dream home in Narva-Jõesuu.

Pavel Gontsarov Narva-Jõesuus.
Pavel Gontcharov in Narva-Jõesuu.

Oli kaheksakümnendate lõpp. Käisin kümnendas klassis, kui õhus olid esimesed tugevad iseseisvuse taastamise lõhnad. Mulle sai kohe selgeks, et soovin elada seal, kus olen sündinud. Kuid otsustasin lagunevas Nõukogude Liidus, et ei tohi end liiga tihedalt siduda vaid ühe kultuuritaustaga, kahjulik on sulgeda silmad ülejäänud maailma ees. Võtsin hoiaku, et pean olema kosmopoliit, kohanema kõigega, mis on mu tõekspidamistele vastuvõetav. Kuna ma ei saanud koolis korralikku eesti keele õpet, otsustasin hakata seda õppima omal käel: läksin suveks Narva-Jõesuu külje alla talusse abitöid tegema. See andis mulle võimaluse pererahvaga söögilaua taga eesti keelt praktiseerida. Mulle eesti keel meeldib, sest see on loogiline. Täna ei ole see minu jaoks enam võõrkeel, näen juba ka osa oma unenägudest eesti keeles.

Selleks ajaks kui lõpetasin Narva Pähklimäe gümnaasiumi, olin klassiga käinud peamiselt Peterburis ja ka Moskvas kindlasti sadu kordi. Kuid Tallinna sattusin esimest korda alles 13–14-aastasena. See näitab, mis kultuuriruumi suunas oli meie kultuuriharidus ja tulevik orienteeritud. Oli aegu, kui käisime nädalas vähemalt kaks korda Peterburi teatrites ja muuseumides.

Edasi tuli Tartu ülikool, kust leidsin ka esimesed eestlastest tõelised sõbrad. Kuigi algus oli väga raske. Mitte niivõrd maailmavaateliselt kui keeleliselt. Keel on normaalse suhtluse alus, kuid ega noored viitsi väga kellegi teise keelebarjääri pärast pingutada. Kõige avatumad ja toredamad eestlased sel hetkel olid need, kes olid kokku puutunud venelastega, tavaliselt Ida-Viru poisid. Nemad olid eelarvamustevabad ja abivalmid.

Täna tunnen end eestlastest sõprade seltskonnas nagu kala vees. Abikaasa on eestlanna ja eesti lasteaias käib esimene laps, kelle ema on venelanna. Nii ongi meie peres kahed jõulud: esiteks luterlaste ja siis vene õigeusu jõulud. Jõuluvana käib meil kaks korda.

Tulevikku vaadates olen mõne asja suhtes pessimistlik ja ettevaatlik. Kardan, et Venemaa dirigeerib endiselt liiga palju Eestis toimuvat. Tahaks loota, et Eesti ei neela alati alla iga konksu, mis Venemaa väga kavalalt ette viskab. Vastasel juhul ei pruugi Eesti rahvas saada seda, mis talle meeldib, vaid tegeleb hoopis vastase ettemängitud olukordadega. Loodan, et Eestil ei teki vastuolu revanšismi ja imperialistlike soovidega – usun, et Venemaa jaoks ei ole need mängud veel läbi. Eestlaste jaoks oleks kõige olulisem luua korralik venekeelne meedia, mis edastaks objektiivselt uudiseid ja infot, sest praegu manipuleerib naaber kohaliku venelaste kogukonnaga.

Kuidas suure naabri kõrval laveerides täie tervise juurde jääda, võiks me õppida soomlastelt, kes hoolimata üsna valulikust ajalookogemusest Venemaaga suudavad lõigata sellest kokkuvõttes kasu. Olles neutraalne riik, on neil väga kindel tulevik.

Arvan, et venelastel on Eestis hea elada. Ma ei jaga provokatiivset seisukohta, et siin kitsendatakse kellegi õigusi. Neid kitsendab inimene ise. Selles mõttes võib mõni eestlane olla palju enam muulane kui haritud venelane. Eestlaste jaoks olen ma ikka venelane. Ja kas teate – Venemaal kutsutakse mind alati eestlaseks. Kuid päris kindlasti ei ole ma muulane. Olen vene rahvusest kosmopoliit, kelle kodumaa on Eesti. Ja ma tahan, et mu laps saaks kasutada kõiki neid võimalusi, mida Eesti pakub.

It was the late 1980s. I was in the tenth form and the smell of independence in the air became stronger day by day. I was sure I wanted to live where I had been born. In the dissolving Soviet Union I decided though, that one should not be tied to only one culture, it is no good to close your eyes to the rest of the world. So I made a point of becoming a cosmopolitan and adapting to everything that would not violate my principles.

As I could not get good knowledge of the Estonian language at school, I decided to do something about it myself and went to work on a farm close to Narva-Jõesuu for the summer. This gave me a chance to speak Estonian with the farmer's family at mealtimes. I like the Estonian language because it is logical. It is not a foreign language for me any longer, I even dream part of my dreams in Estonian.

By the time I graduated from Narva Pähklimäe Gymnasium, our form had been to Moscow and St Petersburg hundreds of times. But I was already 13 or 14 when I first visited Tallinn. This shows how our future was orientated, what was to be our culture. Sometimes we visited St Petersburg's theatres or museums as often as twice a week. Tartu University followed and there I found my first true Estonian friends. The beginning was really hard. Not so much because of my ideology but due to the language. Language is the basis for normal communication but young people do not care too much about somebody else's language barriers. The most open and best Estonians for me at that time were those from Ida-Viru County—they knew Russians, had no prejudices and were ready to help.

Today I do not feel like a fish out of water any more in the company of Estonian friends. My wife is Estonian and my first child, whose mother is Russian, goes to an Estonian kindergarten. So we have two Christmas celebrations in our family—the Lutheran ones first and, a fortnight later, the Russian Orthodox holidays. We get Santa Claus twice.

Looking at the future I am pessimistic and cautious about some things. I am afraid that Russia is going to have too much of a say in what is happening in Estonia. I would like to expect Estonia not to swallow every piece of bait that Russia cunningly throws out. If it is done, the Estonian people may not achieve what they would like to but spend all their time with problems that were fed to them by the opponent. I do hope there would be no controversy in Estonia to Russia's revanchist and imperialist desires—I believe Russia is not done yet with all these. The most urgent thing for Estonians should be to create proper Russian media that would publish objective news and information. Right now our big neighbour manipulates the local Russian community at will.

In this—how to remain whole and healthy next to the big neighbour—we could learn from the Finns, who, despite the rather painful historical experience with Russia, can make it serve their interests. Being a neutral country, they have a safe future.

I think that Russians have a good life in Estonia. I do not share the provocative standpoint that anyone's rights are limited here. Only a person himself can put limits to his rights and in this respect, some Estonian are more like *muulased*—the Russian-speaking immigrants from the Soviet era—than are educated Russians.

For Estonians I am a Russian. And, you know, in Russia I am called an Estonian. What I am not, however, is an alien. I am a Russian cosmopolite whose homeland is Estonia. And I want my child to be able to use all the opportunities Estonia offers.

on elanud 28 õnnelikku aastat Käruveskis. Jüri käib tööl 50 kilomeetri kaugusel Rakveres, Sirje töötab kalakasvanduses ja püüab kohalikul kultuurielul hinge sees hoida.

have lived in Käruveski for 28 happy years. Jüri goes to work in Rakvere, which is 50 km from home. Sirje works at a fishing farm and tries to keep the local culture alive.

Sirje ja Jüri Aavik oma koduhoovis Käruveskis.
Sirje and Jüri Aavik in the yard of their home in Käruveski.

Sirje: "Mäletan, et me ei saanud ükskord kuidagi laulupeole, kaalikad olid kõplamata ja lapsed olid väikesed. Läksin ilusal varahommikul siis üksinda põllule, küll teised tulevad pärast järele. Teel olles nägin meie küla Antsu traktoriga põllul – ja siis ma mõtlesin: mõtle kui hea, et on olemas üks Ants, kes künnab traktoriga põldu, kui kõik teised on laulupeol. Siin maal tekib rohkem sellist tunnet, et meid kõiki on vaja. On vaja külanarri, külalolli ja külajoodikut. Vahel nad oskavad öelda midagi nii, et mõtled pärast veel tükk aega.

Oma küla inimesed on nagu sugulased. Isegi kui oled vähe kokku puutunud, siis üksteist nähes läheb silm särama. Ja me oleme kõik nii erinevad – siin saad õppida suhtlema selliste inimestega, keda linnas ei paneks lihtsalt tähelegi."

Jüri: "Eks neid rõõmukilgatusi kosta maalt harva. Kirjutatakse küll, et avati uus spordiväljak või simmaniplats – aga kui sellest mööda sõita, siis näed, et need seisavad tühjalt. Keegi ei kasuta neid. Noored lähevad ja tagasi ei tule, sest elu ei ole. Kool ja töökoht on siinse elu alus. Kes on läinud kas või Soome tööle, sel on siia tagasi ikka väga pikk tee. Kui leiduks grupp inimesi, kel oleks vaimset potentsiaali ja tahtmist, siis annaks siin teha palju.

Ja mis kõige hullem – me oleme kohutavad materialistid. Eks see ole Vene aja propaganda vili, mis praegu annab tohutult tunda. Me arvame, et oleme maailma keskmes – kool võiks anda mingid eetilised alused. Inimesed ei oska tajuda, et asjadele saab vaadata väga mitut moodi. Nii me räägime üksteisest mööda, ei kuula üksteist ära. Vot seda peaks koolides õpetatama."

Sirje: "Vaatasin ükskord oma vaba Eestimaad. Ta on nii väike ja armas, et tahaks kohe sülle võtta ... Me võtsime parajagu kartuleid, kui kuulsime, et Erika Salumäe tuli olümpiavõitjaks. Siis me istusime seal põllu veerel ja nutsime rõõmust. Seda oma maa armastust olen ma võtnud alati südamega ja kui ma siis näen, et midagi on valesti ...
See teeb kurvaks küll.
Absoluutne kolgas seostub alati mõistega "optimeerimine". Kui loen kuskilt, et optimeeritakse postiteenust või bussiliiklust, siis pean kohe Internetti minema ja vaatama, kas minu jaoks eluolulised liinid ja postkontorid jäävad alles. Meilt võetakse kogu aeg midagi ära: bussiliine, postkontoreid, koole, parimaid poegi – ja see puudutab isiklikult. Siis mõtlen ikka, et kaua meil seda hingejõudu jätkub.

Ma ei ole positsiooni mõttes edukas – kuid olen aru saanud, et mu elu suurim väärtus ja õnnestumine on see, et olen elanud siin. Maa nagu suhtleb sinuga, ta seab sulle kohustusi. Seepärast tundub, et siin on inimesel suurem roll: maale jääb igast lahkujast tühi auk järele."

Sirje: "I remember I could not get to the Song Festival once, my kids were small and the rutabagas in the field badly needed hoeing. Early in the morning I went alone to the field expecting the others to come afterwards. On my way I saw Ants from our village working on his tractor in the field and thought—how good that there is Ants who is ploughing when everybody else is at the festival. Living in the country you get a feeling how much everyone is needed. You even need the local fool, the village idiot and the village drunk—sometimes they say something that you must think about for a long time afterwards.

"The people of your village are like relatives. Even when you do not socialize much you are always happy to see each other. And we are different, this makes it possible to have contact with people you would not even notice in town."

Jüri: "The sound of jubilation is seldom heard in the countryside. We read in the paper that a new athletic field or village green was opened but when you drive past them you see they are not being used. The young people leave and do not return as there is no life for them in the village. School and a job are the basis for life. Who has gone to work in Finland finds the road back very long. If there were a group of people with spiritual potential and strong will much could be done.

"And the worst of all is that we are terribly materialistic. This is the Soviet-era propaganda that now bears fruit. School should give the young people some ethical foundation. People do not perceive that there are different viewpoints and speak about different things without understanding each other. They should be taught to do it at school!"

Sirje: "Our free Estonia is so small and lovely! I would like to hug it … We were picking potatoes when we heard that Erika Salumäe became an Olympic gold medallist. We were sitting there in the field and wept tears of joy. I have always taken the love for one's country very seriously and when I see that something is badly wrong I am really sad.

"Far-away places are always connected with "optimizing". When I read about the next optimizing of postal services or transport, I hurry to find out in the Internet whether my post office and rural bus will survive. We are being deprived of something all the time, be it a bus line, post office, school or our best young men, and this makes you think how long you will be able to keep up.

"I have no position to speak of. The biggest success and value of my life is my living place in the country. The soil talks to you and gives you obligations and everybody who goes away leaves an empty space."

Jüri: "An Estonian farmer had to be ten men in one: a weather forecaster, a financial expert, a visionary, a soil-tiller and cattle-tender … Farming as a mode of life has come to its end. Only large-scale production has survived. Rural Estonians are really egocentric today, everybody does one's own thing, not grasping that it would have been easier to defend one's rights all together."

Sirje: "There have always been people who have moved to the village but their number is exceeded by those who leave. And "back-to-the-village" means the vicinity of towns today, a sort of two for the price of one. And in town most people who leave the village are but anonymous cogs in a machine. In the village they are important and have their own place and that is why we hope to survive. Fortunately, people's sense of humour is alive— a villager still finds the right thing to say."

Jüri: "Talupoeg pidi olema kümme meest ühes: ilmatark, finantsist, visionäär, põlluharija, loomatalitaja ... Sinu edu alus siin on teatav terviklik olek. Talupidamine kui eluviis on suures osas maalt lahkunud. Ellu on jäänud suurtootmine, rohkem nagu mõisavalitsemine. Maaeestlane on praegu väga egotsentriline. Igaüks sebib rohkem omaette, taipamata et üheskoos oleks olnud hoopis lihtsam oma elulisi huve kaitsta."

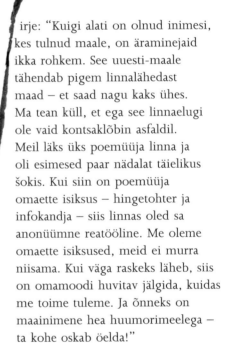

irje: "Kuigi alati on olnud inimesi, kes tulnud maale, on äraminejaid ikka rohkem. See uuesti-maale tähendab pigem linnalähedast maad – et saad nagu kaks ühes. Ma tean küll, et ega see linnaelugi ole vaid kontsaklõbin asfaldil. Meil läks üks poemüüja linna ja oli esimesed paar nädalat täielikus šokis. Kui siin on poemüüja omaette isiksus – hingetohter ja infokandja – siis linnas oled sa anonüümne reatööline. Me oleme omaette isiksused, meid ei murra niisama. Kui väga raskeks läheb, siis on omamoodi huvitav jälgida, kuidas me toime tuleme. Ja õnneks on maainimene hea huumorimeelega – ta kohe oskab öelda!"

Ma ei tea, kellele maitseb
kodumaa.
Ma ei tea, kes saab maitsta,
mina saan.
Mina maitsen, et kodumaal maitse
on hea,
maitseb kui vaev, töö ja hool.
Maitseb kui soov püsida noor,
olla kestev, püsiv ja võimas,
olla alati kindel ja hinnas.
Mu kodu on kui vikerkaar,
nii palju erilist,
nii palju värvilist.
Ma ei tea, kes maitsta saab.
Mina saan,
see on hea.

Malle Poola Tartu Veeriku koolist

I do not know, who likes the taste
of homeland.
I do not know, who can taste it,
I can.
I taste that homeland tastes
good,
tastes like toil and work and care.
tastes like a wish to stay young,
be perennial, powerful, constant,
be always trusted and valued.
My home is like a rainbow,
so very special,
so colourful.
I do not know, who can taste it.
I can,
That is good.

Malle Poola from Tartu Veeriku school

Andrus Elbing

on Kuressaare poiss, kes elab praegu Mustamäel. Noorena tegi kõvasti pätti, kukkus kinni ning kasvas vanglas muusikuks ja luuletajaks.

comes from Kuressaare but now lives in Mustamäe, Tallinn. He was a young delinquent until he was arrested and sentenced to prison. There he became a musician and poet.

Andrus Elbing Tallinna lahe ääres.
Andrus Elbing on Tallinn Bay.

Minu sõpruskonnas on nii eestlasi kui ka venelasi. Rahvus pole oluline.
Oleme omavahel neid teemasid arutanud, eriti kui pronkssõduri värk
hakkas. Venelasest sõber ütles siis, et iga rahvuse hulgas on värdjaid.
Mind ajab jälle jubedalt närvi, kui öeldakse, et eestlased on fašistid.
Ma ei saa aru, mis on meil fašismiga tegemist?

Ma ei oska öelda, kas ma olen kunagi pidanud tundma häbi
eestlaseks olemise pärast. Kuid sitt tunne oli ja närvi ajas küll,
kui mingid eestlased läksid pronkssõduri juurde okastraadiga
provotseerima. Ma ei saa sellest aru. Miks?

Minu sõpradest ei läheks praegu keegi Eesti
eest sõtta. Oleme seda sõpradega palju
arutanud. Kui oleks, mille eest sõdida. Praegu
ei kisu miski oma riigi eest sõdima.

Kui vaadata seda presidendi vastuvõttu, siis seal
on igal aastal üks ja sama seltskond.
Võiks rohkem lihtrahvast kutsuda.

Kõige suurem mure on see, et rahvuste vahel tekkinud lõhe
suuremaks ei läheks. Kõige tähtsam on, et inimesed saaks
omavahel paremini läbi. Ei meeldi, kui ei hoolita. Kõik on
üksteise peale nagu kurjad.
Ja Venemaaga võiks piirileppe ära teha ning jonni jätta.

Saaremaal käin ka ikka igal aastal. Vanavanemad on seal,
kuid nendega ma eriti ei suhtle oma mineviku pärast. See
on veel lahendamata. Aga sõpru on mul seal palju. Saarlase
olek on teistsugune – ta võib teatud kohas öelda välja asju,
mida ei sobiks lausuda. Saarlane on siiram ja loomulikum
ses suhtes, teiste arvamus teda nii ei huvita.

Kui viimati käisin Saaremaal – jalutasin mere ääres ja metsas –, siis
tuli vägev tunne sisse. Tajusin, et miski on must võimsam. Niikaua
kui hing on sees, siis mingit sidet loodusega ikka tunned.

Kui öelda "Eestimaa", siis mul ei tule kohe mingit pilti silme ette. Pigem
tunne. Meri on mulle oluline, minu koduküla oli kaluriküla. Hommikused
kalamehed merele minemas. Paadid. See tuleb kohe meelde. Ja mere lõhn on
kõige lähedasem. Mere kohin. Lapsepõlve jälgede eest ei põgene.

Tallinna hääleks on trollide hääl.
Mõnikord öösel kuulen seda läbi
akna. Siis tunnen, et elu ei ole
seisma jäänud. Kõik liigub edasi.
Ma ei tea, kus ma elada tahaks.
Igal pool võiks elada natuke
aega. Mingit konkreetset
kodu pole mul kunagi olnud:
lapsepõlv jäi väga lühikeseks.

Eestlased on täna raha-usku. Jumal on
importkaup, meil olid ju enne seda
omad jumalad. Täna peab igaüks ise välja
mõtlema, milline on sinu jumal.

I have both Estonian and Russian friends. For me nationality
is not important. We have discussed these things, especially
in connection with the bronze soldier. A Russian friend said
there were bastards in every nation. I myself get uptight
as hell when somebody calls Estonians fascists. What do we
have to do with that?
I do not know whether I have ever been ashamed being Estonian.
But I felt bad as hell when some Estonians provocatively went to
the bronze man with barbed wire. I do not understand it. Why?

None of my friends would go to war
for Estonia. We have often discussed it.
If there were anything to fight for. Right
now there isn't.
Watching the presidential reception—
the same faces year after year. Why
not invite more common people?

The biggest problem is how to keep the gulf
between Estonians and Russians from getting wider.
The most important thing is to get along with each
other. I don't like it when nobody cares about others
and everybody seems angry.
And we should sign the border treaty
with Russia and forget our spite.

I go to Saaremaa every year. My grandparents live there but I do not
see them because of my past. This is all yet unresolved. But I have
friends there. The people of Saaremaa are different, they say things
that many may think unsuitable. But they are more straightforward
and natural, they are not interested in other people's opinion of them.
When I was there last, I took long walks by the seaside and in the woods
and felt good. I felt surrounded by something stronger than myself. If you
are alive you can't help feeling a strong connection with nature.

When somebody says "Estonia" I do not get any visual image.
A feeling I do get. The sea is important, I was born in a fishing village.
Fishermen going out to the sea in the morning. Boats. The smell
of the sea is the closest to my heart. And the murmur or roar
of the sea. There's no way to escape what was in one's childhood.
Tallinn's sound is the noise of trolleybuses. I hear
it even sometimes at night but I like it as it makes
me feel life goes on. Everything moves.
I do not know where I would like
to live, I've never had any specific home,
my childhood was very short.
Estonians believe in money today. God
is actually imported goods, we had our
own products once. Today everybody has
to find his own God.

Helena Tulve Lembitu pargis Tallinnas.
Helena Tulve in Lembitu Street park, Tallinn.

elab Nõmmel ühes kollases majas, mille aknast paistavad männid ja taevas. Ning võib-olla mängib just praegu seal klaverit.

lives in a yellow house in Nõmme, where pine trees and sky are visible from her windows. She might be playing the piano there right now.

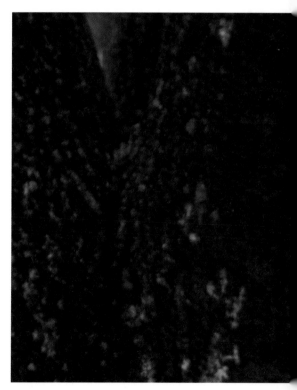

Ma olen oma elus palju kodust ära olnud. Me elasime seitse aastat Prantsusmaal ja käisime Eestis vaid korra aastas. Siis tekkis väga palju igatsusi. Kõige rohkem tundsin puudust loodusest, eriti Lõuna-Eesti maastikust. Sellisest, kus on salapärane sügavus. Ja tumedus. Ja nähtamatud asjad.

Talvevalgust igatsesin. Ma armastan hämarat aega, eriti kui on lumi. Siis on kõik nii teistmoodi, valgus tuleb nagu alt. Pimedus mõjutab meid meeletult. Kui ma kunagi kartsin seda, siis nüüd olen õppinud seda hindama. Kõige hirmsam on madal hall taevas, seda on raske taluda – päevane hämarus on raskem kui pikk öö. Pimedusega peame me kõik õppima elama.

Ja loomulikult igatsesin inimesi. Tänu Eesti väiksusele tunduvad ka meie suhted kuidagi lihtsamad, otsekohesemad, ilma keerdudeta – ei ole liialt rafineeritud ega poleeritud. Meie tundume palju vabamad võrreldes kultuurist läbikasvanud prantslastega. Ja kultuurile on kombeks kõik verbaliseerida. Meid ei õpetata õnneks kõike sõnastama, kõike analüüsima. Eestlane kompenseerib selle mingi sisemise sügavusega. Inimesed on kuidagi soojemad ja julgevad seda ka välja näidata. Kui mul on omad inimesed – minu inimesed –, siis on mul nendega hea soe olla. Pole oluline jääda viisakaks ja viimistletuks. Kui minna maale, siis mõni annab rohkem välja ja mõni vähem – kuid silmades näed sa seda ilu. Kui vaatasin Sulev Keeduse "Jonathan Austraaliast", siis puudutas mind seal just kõige enam ilu, mis neis silmades peegeldus.

Püüan Tallinnas elades hoida teatavat maa-rütmi. Et mingi hetk lihtsalt oled, koos oma üleminekutegevuste ja -seisunditega. Nõmme on ideaalne: saan seal olla ka omaette ja siiski tajun, et linn tuksub mu kõrval. Kui tekib isu ära käia, siis lähen Lõuna-Eesti metsa, Valgamaale, kus on mu lapsepõlverajad. Tahaks loota, et sellist kultuuristamata ruumi jääks ka tulevikuks. See jätab ka mõttele ruumi. Ning üldse võiks hoida end asjadest eemale, nii jääb ka inimestesse rohkem ruumi.

Eestlaste usku on väga raske teada saada. Inimesed hoiavad need asjad pigem enda sees varjul. Arvan, et seda ei peagi avaldama. See sunniks meil end nimetama. Verbaliseerima. Minu vahendiks selle teemaga tegelemisel on muusika.

Kuid usun, et eestlased kui põline maarahvas on eriti tähelepanelikud jumaliku jõu avalduste vastu looduses. See mõjutab meid endiselt, tundlikkus maa energia vastu on meis veel olemas. Sellist teatavat intuitiivset karedust pean ma muide üheks olulisemaks omaduseks inimese juures. Kultuurikäsitlus taunib seda, näeb ebakorrektsusena. Kuid meie lähiajaloo juurikas on õnneks nii nõrk – me ei kuulu nagu kuhugi –, et see annab võimaluse tajuda oma sügavamat juurikat. Sedamööda ka usku. See võib võtta küll igasuguseid vorme, kuid mingi tunnetus on eestlases tugevam, kui ajastule sobiv vorm välja lubab näidata.

I have often been away from home. We lived in France for seven
years and visited Estonia only once a year. In these years I longed
for many things. Most of all I missed nature, especially the southern
Estonian scenery that has its own mysterious depths. And dark shades.
And invisible things.

I longed for the winter whiteness. I love the twilight time,
especially in snow. Everything changes and the light seems
to come from below. Darkness has a very strong impact on us.
Once I was afraid of it but now I have started to appreciate
it The worst is the low grey sky, it is very hard to endure.
The long daytime dimness is much harder than a long night.
We must learn to live with the dark.

Naturally I missed people. Owing to the smallness of Estonia
our relationships seem to be simpler, more direct and without
twists – they are neither too refined nor excessively
polished. We seem to be much more uninhibited compared
to the French, who are so thoroughly civilized and cultured.
And culture verbalizes everything. We are, fortunately,
not trained to express and analyze everything. This lack is
compensated by some sort of inner depth in Estonians. People
are warmer and are not afraid to show it, too. When I have
my own people around me, I feel pleasantly warm. It is
not necessary to remain polite and polished. In the countryside
some people yield more and some less but the beauty of their
depth is in their eyes. Watching Sulev Keedus's film Joonatan
I was most touched by the beauty reflected in the eyes.

When in Tallinn I try to preserve some sort of countryside rhythm, to have
time simply to be, to live with the transitions and conditions. Nõmme is
an ideal place, I can be by myself but I feel the town pulsating close by. When
I want to be away from it I go to the woods of South Estonia, to Valgamaa,
where the tracks of my childhood are. I do hope some uncultured spaces will
be preserved. There you have space to think. When they are away from things
people have more space within themselves, too.

The most difficult thing is to get to know Estonians'
religion. People keep these things hidden within
themselves. I believe it really should not be spoken about.
It would be verbalization again. My personal way to deal
with these matters is through music.

I believe that Estonians as an ancient rural people are attentive
to the expressions of divine powers in nature. We are still influenced
by the energy of the soil. The intuitive roughness that comes
from that is, in my opinion, really an essential quality in people.
The cultural approach deplores it and considers it politically incorrect.
Fortunately, our recent history and its roots are weak—we do not
belong anywhere—and this gives us a chance to perceive our deeper
and more important roots. And religion. The forms of it may differ
but Estonians have a deeper cognition than the modernity and trends
allow them to show.

Eesti regilaul on korduva rütmiga – inimliku baasrütmiga, mis tuleb südame-vereringest. Selline lihtsus, isegi primitiivsus rütmides on meile ja tegelikult Euroopale üldse väga omane. Kui India rütm on nagu hiiglaslik korrusmaja, kus võid seigelda mööda treppe ja lifte, siis üsna lihtsakoelise rütmitaustaga eurooplane seal liikuda ei oska.

Muusikamaitsed on meil erinevad, kuid linnulaul puudutab igaüht. Teeb õnnelikuks. Lapsepõlvest meenub putukasirin soojas suves, ühtlaselt sirisev kuumus. Heljuv helikiht olemise kohal. Kõrvulukustav, kui minna sisse. Väga emotsionaalselt mõjub mulle ka augusti lõpus madalalt lendavate pääsukeste hääl, mida taban igal aastal üha uuesti. Selles ongi meie aastaaegade vaheldus, suvi on peaaegu möödas. See on veel viimane saba, mis võtab kokku eelnenu ja kuulutab välja sügise. Ja talve. Need on rahulikud õhtud, kui hämarus on juba kohal.

Prantsusmaal olles tegin ühe huvitava avastuse. Mis värvi värvib eestlane oma maja? Kui sõita mööda külateid, siis sealsed puumajad on värvitud puha kollaseks ja roheliseks. Keegi ütles Prantsusmaal ühe sellise tooni kohta lausa, et "ah, see Balti kollane". Praegu värvisin ma ise ka oma maja kollaseks. Võib-olla on see selline sürreaalne vastuhakk üldisele hallusele?

The Estonian runic song has a recurrent, repetitive rhythm—a basic human rhythm coming from the heartbeat and circulation of blood. The simplicity, even primitivism in rhythms is characteristic of us and, actually, of Europe. Indian rhythms are like a huge block of flats with its lifts and staircases, where the European with his rather simple rhythmic background easily loses his way.

We have different tastes in music but everybody is moved by birdsong. It makes us happy. One of my childhood memories is the insects' chirring in the summer warmth, as if the heat itself had been chirring. The fluttering veil of sound above existence. Deafening, if you entered it. Every year, again and again, I get deep emotions from the twitter of low-flying swallows in August. They twitter about the change of seasons— the summer is almost over. Autumn is being announced. And after that winter. Peaceful evenings when the season's darkness has already arrived.

When in France I made a discovery that interested me. What is the Estonians' favourite colour to paint their houses? Yellow and green. Somebody in France even said—"oh, this Baltic yellow!" I just painted my house yellow, too. Perhaps it is a surrealist opposition to all the dimness.

Hommikusse külma õhku
  kukelaulu lõikus.
Idakaares kollast värvi
  taevaveerde põikus.
Jalge all on krudisemas
  kastest niiske kruus.
Esimesed kuldsed lehed
  vanas vahtrapuus.
Koristatud põllusiilud
  õrnalt hallast laikus.
Üle kõige valitsemas
  vaikus, vaikus, vaikus.
                    Kaalu Kirme

Into the crisp morning air
  cut the cockerel.
Yellow colour at the verge
of the eastern sky.
Damp with dew, the gravel`s
crunching
  under every step.
First golden leaves have appeared
  On the old maple tree.
Fields are harvested and lightly
  dusted with frost.
Over everything is reigning
  silence, silence, silence.

     Kaalu Kirme

Mirko Fritze

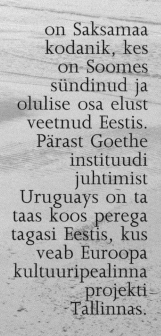

on Saksamaa kodanik, kes on Soomes sündinud ja olulise osa elust veetnud Eestis. Pärast Goethe instituudi juhtimist Uruguays on ta taas koos perega tagasi Eestis, kus veab Euroopa kultuuripealinna projekti Tallinnas.

is a citizen of Germany who was born in Finland and spent a significant part of his life in Estonia. After being the director of the Goethe Institute in Uruguay he, together with his family, is back in Estonia, where he heads the project to make Tallinn the European capital of culture in 2011.

Mikko Fritze Pirita rannas.
Mikko Fritze on Pirita Beach.

Mu pere on minu kodu. Oleme elanud kõige erinevamates paikades üle maailma, seetõttu on kodu alati seal, kus on mu pere – minu maailma parim abikaasa ja kolm last. Kuid Eestiga seob mind lisaks eriline kodutunne, sest kõik mu kolm last on siin sündinud. Neile on Eesti kodumaa.

Enne Eestiga kohtumist arvasin, et see võiks sarnaneda Soomega. Kuid mäletan pettumust, kui see nõnda ei olnud. Sõitsin vist teisel päeval pärast Eestisse tulekut Tallinnast Tartusse. Oli aprill. Ootasin ilusaid metsi, järvi, puhast loodust. Kuid mind saatis hoopis üsna üksluine maastik oma hallis eelkevadises rüüs. Eesti looduse ja maastiku ilu avastamine tuli hiljem ja tasapisi, tänaseks on see mulle väga lähedaseks saanud.

Teine pettumus tekkis alguses arusaamisest, et ma ei mõista eesti keelt. Olin üsna kindel, et soome keele põhjaga saan vähemasti aru, aga ei saanud. Võttis kaks aastat, enne kui sain eesti keele soravalt suhu.

Eesti küla mulle meeldib. Mul on suvila Eesti ühes rannakülas, imelise vaatega merele. Üldse puudutab mind Eesti rannik oma kivide, liiva, saarte ja rändlindudega. See on võrratult ilus tunne, mis tekib, kui on jäänud veel viimased meetrid sõitu oma suvilani! Kuigi kujutan ette ka elu ilma igasuguse maalapita. On inimesi, kes suudavad nõnda. Aga mingi pidepunkt siin elus peab olema – see ongi kodu. Mõistan, kui inimesed ei taha ringi rännata, vaid vajavad oma maalappi, mingi kindla kohaga seotud kodu. Sellises kindlustundes on midagi, mida ma igatsen, kuid ma ise ei tea, mis see üks ja ainuke kodukoht on, sest minu saatus on olnud saada rändajaks.

Uruguays elades avastasin, et mul on midagi väga sügavalt puudu. Mets! Ma lihtsalt ei saa ilma metsata elada. Mul peab olema võimalus käia metsas, muidu muutun ruttu kurvaks. Mulle meeldib küll käia metsas seenel ja marjul, kuid kõige olulisem on seal jalutada. Lihtsalt olla selle sees.

Ja veel üks asi, mis mulle Eesti puhul väga meeldib – siinne valgus. Eriti lumevalgus, mille küll on mustad talved viimasel ajal röövinud.

Kui püüan meenutada Eestile iseloomulikke lõhnu, siis tuleb kõigepealt meelde värske õhu lõhn. Aga ka suvepäikeses asfaltteel sulav bituumen, rõskel talvepäeval madal ahjusuits. Riknevate meretaimede lõhn rannikuäärsetes kohtades.

Eestlane, eriti eesti mees, pole hea suhtleja. Tunnetest rääkimine on tabu. Tänaseks olen õppinud seda mõistma, kuid alguses oli see minu jaoks üsna raske – ise räägin ma palju, ka tunnetest. Tundub, et eestlane jätab pigem kogu oma mure ja valu enda sisse, kus see võib hakata närima ja piinama, kui et avab end.

My family is my home. We have lived in various places in the world and that is why my home always is where my family is—my wife, the best wife in the world, and my three children. As for Estonia, though, I have very special feelings of home here, as all my three children were born here and Estonia is their homeland.

Before getting to know Estonia I thought it might resemble Finland and I remember my disappointment discovering it was not so. It must have been the second day after my arrival in Estonia, when I went from Tallinn to Tartu. It was April. I had been expecting beautiful forests and lakes, clean nature. What I saw was rather unexciting scenery in its grey pre-spring trappings. Discovering the beauty of the Estonian landscape and nature came later and slowly, by today it has become quite close to me.

Another disappointment for me was that I did not understand the Estonian language. I had been so sure I would at least understand something due to my Finnish but I did not. It took me two years before I started talking fluently.

I like Estonian villages. I have a summer cottage in a coastal village with a wonderful view of the sea. I am moved by the Estonian coast with its boulders, sand, islets and migratory birds. It is an incomparably fine feeling I experience approaching my summer cottage when only a few meters separate me from it. I can imagine life without a spot of land, though, and there are people who can manage that quite well. But for me this one spot is the fulcrum, this is home. I understand the people who do not want to go anywhere because they need this spot of their own land and their home on this land. This is a feeling of safety and certainty that I long for but my destiny is not to know it, I was born to be a traveller.

Living in Uruguay, I discovered I missed something badly. The forest. I simply cannot live without the woods. I need a chance to go into the woods, and if I do not have it, I quickly become sad. I like to go berry-picking and mushrooming but walking in the woods is even more important.

Another thing I like very much in Estonia is the light. Especially the light of the snow that, unfortunately, has become rare in the recent, almost snowless winters.

When I try to recall characteristic smells of Estonia, the first that comes to mind is the smell of fresh air. But also the road on which the bitumen is melting in the hot summer sun and the low smokes of chimneys on damp winter days. And the stink of the decaying seaweed on the shores.

Estonians, especially Estonian males, do not communicate very well. It is a taboo to talk about feelings. By now I have learned to understand it but at first it was rather difficult for me, I myself speak much and also about my feelings. It seems to me that Estonians do not like to open up and rather keep their pain and troubles within where they gnaw and torture them.

However, I have never had any trouble trusting an Estonian. Trust is born more easily here than anywhere else.

I think that being Estonian has given Estonians a lot of strength. Respect for their own nation has inspired people to do many a beautiful and great thing. Estonian music comes to mind immediately, but not only.

It is miraculous how the Estonian identity has survived despite the external influences and the pressure of foreign powers. I hope that Estonia will find a balance between its national traditions and the challenges of the day, like globalization and the European Union. If only I could write a prescription for harmony I would do so immediately!

Kuid eestlase usaldamisega pole mul kunagi probleeme tekkinud, usaldada on siin kergem kui kusagil mujal.

Minu arvates on eestlus andnud eestlastele hästi palju jõudu. Just see lugupidamine oma rahvuse vastu on inspireerinud paljuks suureks ja ilusaks. Pean silmas eelkõige eesti muusikat, kuid mitte ainult.

Imeline on, kuidas eesti identiteet on püsinud hoolimata välismõjudest ja võõraste võimude survest. Tahaks loota, et Eesti leiab tasakaalu oma rahvuslike traditsioonide ja uue aja väljakutsete vahel, nagu globaliseerumine ja Euroopa Liit. Ning kui mul oleks harmooniaretsept võtta, siis annaksin selle kohe!

Tiiu Kuik

has lived in Maardu, Põlva and Tallinn, and due to her modelling work, also in Paris and Tokyo. For now she has chosen New York as home, or New York has chosen Tiiu.

on elanud Maardus, Põlvas ja Tallinnas ning modellitöö tõttu ka Pariisis ja Tokyos. Tundub, et praegu on ta koduks valinud New Yorgi. Või pigem – New York on valinud Tiiu.

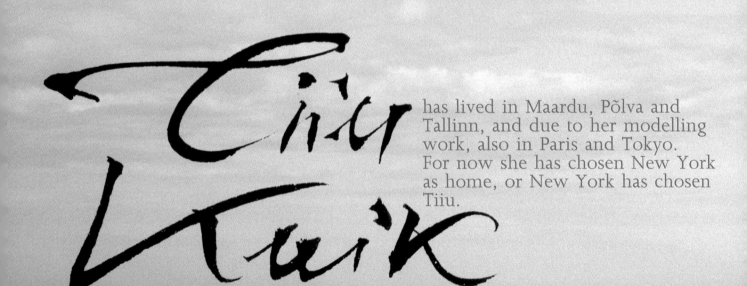

Tiiu Kuik Neeme kivisel rannal.
Tiiu Kuik on pebbly Neeme beach with boulders.

Minu jaoks on Eesti lapsepõlv. Isegi kui paljud lapsepõlvekohad on tundmatuseni muutunud, tundub, et mingi puhtalt süütu lapsepõlvetunne on Eestisse alles jäänud. Ka kõige viletsamates tingimustes üles kasvanud eestlane teab mõnd maailma kaunimat paika kuskil seal kodu külje all. Muinasjutumaailma tagaõues.

Minu jaoks on Eesti kõige ilusam koht mu vanaisa-vanaema maja Põlva järve kaldal. Kuigi nüüd saan seda vaid piltidelt meelde tuletada, tean, et südames jääb see ikka ja alati sinna samasse järve äärde. Punase katusega maja, mis alati juba kaugelt meele rõõmsaks tegi. Eriti armastasin vanaema aeda ja lilli. Minu lemmik oli üks ainuke iiris, mis kasvas maja ees, ja lillherned, mille õisi pidasin väikesteks roosades kleitides printsessideks. Lilledega seostub mulle Eesti kindlasti ka ema pärast, kellega käisime tihti koos jalutamas. Piibelehed on minu, karikakrad tema lemmikud. Nüüd viivad need lõhnad mind hetkega tagasi lapsepõlveradadele, ükskõik kus ma ka oleks. Kevaditi lõhnab Eesti piibelehtede ja nurmenukkude, suvel pärnaõite ja karikakarde, sügisel värske vihma ning talvel hapukapsaste järele. Keegi ei suudaks mulle vastu vaielda, et need lõhnad on maailma parimad!

Eesti hääled ulatuvad täielikust lumevaikusest laulupeokoori võimsa kajani. Vaikus tähendab minu jaoks rahu. Oskan seda leida igal pool, sest see algab minu enese seest. Nõnda ma kannangi kildu Eesti rahust kaasas ka pidevalt möirgavas New Yorgis, muidu oleksin siin ammu täiesti hulluks läinud. Aga samal ajal tahan mõnikord kuulata, kõrvad kikkis, ka täielikku vaikust. Muretsen, et äkki olen viimasest generatsioonist, kel on üldse maailmas võimalik selliseid kohti leida, kus on täielik vaikus.

Ameerikas öeldakse, et ela kindlasti elus korra New Yorgis, kuid koli sealt ära enne, kui ta muudab su liiga kalgiks. Ela Los Angeleses, kuid lahku enne, kui ta muudab sind liiga pehmekeseks. Hmmm, ma ei teagi, kuidas sobiks Eesti kohta öelda ... Seda vastust on mul üha raskem aimata, sest Eesti on nii palju muutunud ajast, kui ma lahkusin. Usun, et Eesti on pannud minus aluse inimesele, kes ma täna olen. Ning New York on muutnud seda inimest natuke tugevamaks, natuke targemaks ja kindlasti palju avatumaks maailmale kogu tema kirjususes. Mulle on algusest peale meeldinud, kuidas siin linnas on kõik natuke võrdsemad kui mujal: mustad, valged, noored, vanad, terved, haiged, geid, lesbid, rikkad, vaesed, lühikesed – ja minu rõõmuks isegi pikad inimesed!

Eestlane on lootusrikas, heasüdamlik ja kokkuhoidev; vaikne, kuid sarkastiline; edasipürgiv, kuid traditsiooniline; kannatlik inimene, kes siiski vahel naabrimehe peale kade on. Aga pits viina, ja eestlane unustab tulise vimma.

Tunnen, et olen eestlasena kindlasti vaiksem ja rahulikum kui enamik inimesi siin. Ja väga kannatlik. Kuid tajun ka, et olen pidanud siin elamise ajal töötama oma suhtlemisoskusega. Olen seejuures kaotanud suure osa oma kunagisest sarkasmist. Ameeriklased ei mõistaks seda!

Kindlasti tulen järgmisele laulupeole, see ei ole isegi mitte mingi küsimus! Panen siis selga rahvariided, mis ma ema abiga kavatsen muretseda.

Mul on alati olnud plaan vanana tagasi Eestisse elama tulla. Eriti nüüd, kui mind ootab üks imeline maja Neemel, mille aknast paistavad kibuvitsad ja külmhall meri.

Estonia means childhood to me. Even though many places from my
childhood have totally changed, I feel that some sort of pure
childhood innocence is still there. Any Estonian, even those who
grew up in very poor conditions, knows the most beautiful place
in the world is in the vicinity of his or her childhood home.

> For me the most beautiful place in the world is the house of my grandparents
> on the shore of Põlva lake. Although I can see it only in photos now, in my heart
> it will always be there on the shore of the lake. The red roof that gladdened my
> heart from afar already. I had a special love for grandma's garden and flowers.
> I loved the single iris in front of the house and sweet peas, the flowers of which
> seemed to me like little princesses in pink dresses. Flowers always remind me
> of Estonia also due to my mother, with whom we used to take long walks. Lilies-
> of-the-valley were my favourite flowers, daisies my mother's. Wherever I am,
> the smell of these flowers always takes me back to my childhood.

In springtime Estonia, the smells of lilies-of-the-valley and cowslips; in summer,
linden blossoms and daisies; in autumn fresh rain and sauerkraut. And nobody
could convince me that these smells are not the best in the world.

The Estonian sounds vary from the silence of snow to
the powerful singing of the united choirs at the song festival.

> Silence means peace for me. I carry a fragment of Estonian peace
> within me in this constantly roaring New York, otherwise I would
> have gone mad long ago. I would like to listen to total silence
> and worry that I may be the last generation who can still find
> a place where such silence reigns.

In America they say that you should live for a while in New York but move
away before it makes you hard. Live in Los Angeles but leave before it makes
you soft. I do not know how to apply this sort of reasoning to Estonia … It is
becoming more difficult every day, as Estonia has changed so much since I left
home. I believe Estonia laid the foundation for the person I am today and
New York has made this person a bit stronger and wiser, definitely more open
to the multifaceted nature of the world. From the very beginning I have liked
how in this city everybody is a little more equal than elsewhere: the black and
the white, the young and the old, the healthy and the sick, the gays and lesbians,
the rich and the poor, the short—and to my great joy, even the tall people!

Estonians are optimistic, good-hearted and stick together. They are quiet
but sarcastic, ambitious but still conservative, patient but sometimes jealous of their
neighbour. A small drink of vodka makes them forget their pique, though.

> I feel that as an Estonian I am more quiet and peaceful than most
> of the other people here. And very patient. I know I have had to work
> on my communication skills when living here. I have lost the bigger part
> of my inherent sarcasm due to that. Americans would never "get" it.

I will certainly come to the next song festival, no question about it. I will
put on my national costume that I plan to get with my mother's help.

> I have always had a plan to return to Estonia when I am old. I am even
> more sure now that a wonderful house in Neeme is waiting for me with
> a window overlooking the cold grey sea and dog-roses on the shore.

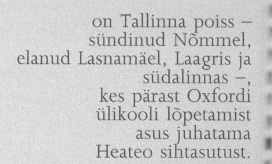

on Tallinna poiss –
sündinud Nõmmel,
elanud Lasnamäel, Laagris ja
südalinnas –,
kes pärast Oxfordi
ülikooli lõpetamist
asus juhatama
Heateo sihtasutust.

is from Tallinn. Born
in Nõmme, he has also
lived in Lasnamäe, Laagri
and the centre of Tallinn.
After graduating from Oxford
University he became director
of the Good Deed Foundation.

Taevere

Artur Taevere Lasnamäe sillal.
Artur Taevere on a Lasnamäe bridge.

Kui ma olin viieaastane, otsustasin meheks hakata. Elasime ema-isaga Nõmmel Seene tänavas, aasta oli 1985. Otsustasin, et hakkan igal hommikul külma duši all end karastama, nagu isa seda tegi. Enam ei olnud ma lihtsalt üks paljudest Nõmme poistest. Ronisin meie maja ees seisva kõrge pärnapuu otsa – ja ma olin mees! Tõsi, paar-kolm päeva hiljem otsustasin külma duši harjumusest loobuda, küllap oli veel vara täismeheks saada.

Eestlased on karastatud rahvas. Meid on karastanud rannikupealne tuul ja torm, mis on tahtnud meid juuripidi maast kiskuda. Aastasadade vältel oleme saanud karastust naaberrahvastega mõõtu võttes. Aeg-ajalt on meile krae vahele kallatud külma, siis jälle tulikuuma vett. Aga oleme jonnakalt vastu pidanud. Me ei ole kuskile ära põgenenud, elame siinsamas edasi. Nüüd on ajalugu pöördunud. Oleme ise kraani juures, saame ise vett kraadida ja otsustada, kas tahame kuumemat või külmemat dušši. Enam ei pea me karastuma olude sunnil, vaid saame seda teha oma vaba tahte järgi.

Minu arvates avaldub eestlase karastunud loomus hästi minu vanavanaemas Miilis. Ta sündis tsaaririigi ajal, aastal 1902 ja elas kogu elu väikses talus Jõhvi lähedal Pargitagusel, hoolitses laste, lehmade, lammaste ja üldse kogu majapidamise eest. Minu mälestuses on ta alati väga vana olnud, aga milline terav meel ja kõbusus! Kui olime pisikesed ja tema võis olla umbes 85-aastane, suusatas ta talvel paari kilomeetri kaugusele poodi. Luges õhtul ajalehti ja vaatas televiisorist uudiseid ning arutas päevakajalistel teemadel. Isegi neil päevadel, kui terve maja oli nooremaid sugulasi täis, tõi ta ämbritega ise vee tuppa ja tegi pliidi alla tule. Ta oli harjunud toimekas olema ega tahtnud niisama kasutult passida. Minu vanavanaema nägi oma pika elu jooksul mitme võõra võimu vahetumist. Ta jõudis ära oodata Eesti iseseisvuse taastamise ja elas Pargitagusel peaaegu saja-aastaseks.

Vahel mulle tundub, et iga eestlase sees elab minu vanavanaema Miili: tark ja vana eesti naine, kes on palju näinud, teeb palju tööd ja on perekonna hoidjaks.

Aga samal ajal tundub, et tarmukas vana naine elab meis kõrvuti teismelisega, kes on alles maailma ja iseennast avastamas. Kes saabub hilja öösel peolt ja pole üldse kindel, kas ta hommikul viitsib voodist välja tulla.

Kuidas need kaks tegelast teineteisega toime tulevad, on üks tähtis küsimus. Kuidas me ühendame oma mineviku, olgu see meeldiv või ebameeldiv (aga seda ei ole võimalik olematuks teha), oma tulevikuga, mis on veel sündimata ja seega kõik on veel võimalik? Kui see vastuolu jääb lahendamata, võivad meid painama jääda nii mineviku äng kui ka tuleviku teadmatus.

Arvan, et lahendus peitub püüdluses leida omaenda olemisele selge ja konkreetne raskuskese. Ning igapäevases tegevuses, mis sellele raskuskeskmele tugineb.

Ma olen enda käest küsinud kolme asja, et oma olemise keskpunkti leida ja enda jaoks paremini lahti mõtestada. Mis on see, mis mind tõeliselt inspireerib ja tiivustab? Mida võiksin meisterlikult teha? Mis aitab mind ära elatada?*

Väljakutse peitub selles, kas suudame ühtselt vastata kõigile kolmele küsimusele. Minu vanaisa Mati, näiteks, õppis vaba riigi lõpuaastatel Tartu ülikoolis õigusteadust, kuid töötas nõukogude ajal kogu ülejäänud elu Vasara lukuvabrikus. Tema jaoks oli töö paratamatult töö – kuidagi oli ju vaja perekonda üleval pidada. Ning vabrikuvärava taga oli ülejäänud elu koos oma inspiratsiooniga. Mäletan, et vanaisale pakkus suurt rõõmu filmikunst ning vana džäss ja bluus, mida temaga koos ta vinüülidelt kuulasime ...

* Aitäh Jim Collinsile, kelle raamat "Good to Great" on mind aidanud ka enda jaoks neid küsimusi sõnastada.

When I was five I decided to become a man. We lived in suburban Nõmme then, in Seene Street. I decided to take a cold shower every morning like father did. I was no longer just one of the Nõmme boys. I was a man, I felt, when I was climbing up the high linden that grew in front of our house. True, in a few days I gave up the cold shower, it was obviously still too early to become an adult.

Estonians are a tempered people. We have been tempered by the coastal winds and storms are always threatening to uproot us. Over the centuries we have become tougher mostly due to our neighbours. We have had cold showers and then very hot ones. But we have persisted. We have not fled, we have survived here.

Now history has taken another turn. We can regulate and measure the showers and decide whether we prefer a cooler or a warmer one. We can keep getting tempered but we can do it as we want it ourselves.

I think that one of the best examples of Estonian toughness is expressed in my great grandmother Miili. She was born in the tsarist Russian era, in 1902, and lived all her life on a small farm near Jõhvi. On this farm, called Pargitaguse, she took care of the children, cattle, sheep and the whole houschold. I remember her only as a very old woman but what a mind she had and how fit she was! When we, the great grandchildren, were small, she, about 85 then, still put on her skis and went to the shop, which was a couple of kilometres away. In the evening she read newspapers, watched the news on TV and loved to discuss current topics. Even when there were lots of younger offspring visiting, she still drew water from the well and carried the buckets into the house, she made fire in the stove. She had been busy all her life and did not like to be idle and useless. During her life she saw many foreign powers taking over. She managed to see the restoration of independence and lived to be nearly a hundred—on Pargitaguse farm.

Sometimes I feel that there is a little of my great grandmother Miili in every Estonian. She was a wise old Estonian woman, had seen a lot, was hardworking and caring. Simultaneously, however, it seems sometimes that inside of us, next to Miili, there is also a teenager who is still discovering himself and the world, who parties until the early hours and is not sure whether he cares to get out of bed at all for the new day.

How these two can cope with each other is a vital issue. How to connect our past, be it pleasant or unpleasant, (but it cannot be erased) with our future that has not been born yet? If this controversy remains unsolved, we will be obsessed by our past anxieties together with the suspense of the future.

I think that the solution is finding one's own clear and defined centre of gravity and concentrating on this in your everyday work.

Mina aga töötan juba viiendat aastat Heateo sihtasutuses. Otsime algatusi, milles peitub uudne ja parem lahendus mõnele teravale ühiskondlikule probleemile, ning milles näeme eeldusi ühiskonda muuta. Meie roll on selliseid uuenduslikke algatusi võimalikult hästi toetada, et suured head ideed saaksid tõepoolest teoks.

Seda tehes tiivustab mind teadmine, et teeme midagi, millest ehk on teistele inimestele ja laiemalt Eestile kasu. Kui seejuures on võimalik piisavat teenida, et mõistlikult ära elada, siis polegi ju midagi enamat tahta ...

Neid viimaseid ridu kirjutan vanematekodus Laagris. Isa käib endiselt hommikuti duši all, aga nüüd on tal uus taktika. Ta nimelt luges ühest luurajate raamatust, et kui lasta vaheldumisi kuuma ja külma vett, siis see teeb ruttu vaimu virgeks!

I have asked myself three questions to find my centre
of gravity and understand it better. What is this that
really inspires me? What is the thing I can do very
well? What will help me to earn my living? (I am
grateful to Jim Collins, whose book *Good to Great*
helped me to formulate these questions for myself.)
The challenge is finding one common answer to all
these three questions.

>My grandpa Mati, for example, studied law at Tartu
>University in the last years of the independent
>Republic of Estonia. All his life he worked at the Vasar
>factory making locks. Having to support his family
>he had to take a job, and this is what it was for him,
>just a job. The rest of his life was outside the plant.
>He was inspired by films, by jazz and blues. We used
>to listen to music on his vinyl records …

I have been working at the Good Deed Foundation
for five years. We are looking for initiatives
to solve some acute social problems, the issues
we feel could change the society. Our role is
to support new and original initiatives to make
it possible to turn good ideas into reality.

I am inspired by the idea that we do something that can be beneficial to other people and in a wider sense to all of Estonia.. And if it enables me to earn enough for my own existence, what else is there to wish for?

>I am writing these last few lines at my
>parents' home in Laagri. My dad still takes
>a shower every morning but now his tactics
>differ. He read some book about spies
>and how they switched between hot and
>cold water in the shower to wake up their
>brain fast.

Teele kurekesed
Lumel ei ühtegi jälge
Imelik

                    Tõnis Mägi

Be on your way, cranes
Not a print in the snow
Strange

      Tõnis Mägi

Lembit Peterson on pühendanud end vaimsetele otsingutele, perekonnale, loomingule ja Theatrumile.

Lembit Peterson has dedicated himself to spiritual pursuit, to his family, creative work and the theatre he directs—Theatrum.

Lembit Peterson Tallinna vanalinnas Püha Katariina kiriku ees.
Lembit Peterson in front of St. Catherine's Church in the Old Town of Tallinn.

Esimesed mälestused Eestist on seotud esimeste mälestustega armastusest. Need sulavad kuidagi ühte. Heledad päevad, mille vahele vitstena põimitud varjud ja valu. Siin näen juba ka küsimusi elava lõpmatuse, olemise ja iseenda kohta.

See väga isiklik Eesti tuleb minusse lapsepõlvest ema ja isa, venna ja õe, vanavanemate ja onude, Tallinna tänavate (eriti Koidu ja Jakobi) ning Väike-Kareda küla, trükikoja ja raamatute lõhna, pillimängu ja teatri, siis juba ka mängu- ja koolikaaslaste, hoovide ja koolide kaudu. Siis on ta minus tänu sõpradele ja kolleegidele. Mõttekaaslastele ja koguduse liikmetele. On lahutamatu abikaasa Marest, lastest ja lastelastest.

Ja väga suures osas on ta minus tänu õpetajatele ning vaimsetele teejuhatajatele, kes oma südames minuni eesti meele (vaimu, hinge) ja aja kandsid. Arvan, et nad suutsid seda olemist alal hoida, sest nende südant toitis armastus. Koos armastusega Eesti vastu andsid nad mulle kuidagi, sellest otsesõnu rääkimata, edasi usu Jumalasse ja tema armastusse. Lootust eesti aja taastulekusse ma neis, oma õpetajates, ei mäletagi. Kuid lootus selle võimalikkusesse kinnistus minus just tänu Jumalale.

Suureks mõjutajaks on olnud imeline ja hullvalus eesti luule, hea kirjandus ja teatrikunst. Eestis kõlanud laul ja muusika.

Mulle tundub, et eestlane on tänaseni jäänud põhiolemuselt maarahvaks. Üks mu sõber pidas plaani päriseks Eestist lahkuda. Talle pakuti pikaajalist diplomaadikohta Vahemere piirkonnas. Ta loobus. Minu miks-pärimisele vastas ta, et ei tea. Vist see soode lõhn. Seal ei ole seda soode lõhna. Mõtlesin siis, kui ilusti ta oskas vastata. Vahel mulle tundub, et igal eestlasel on siin oma soolõhn. Mõtlesin, mis on see minu soolõhn. Kuidas lõhnab minu Eesti. "... mu lehkav Isamaa ..." Mis mind siin hoiab kinni, mis seob mind selle maaga? Isegi kui ta on enamasti nii kidur, vihmane, porine, pilvine.

Ja seda kaunim on tema suvi.

Ma ei eita linna – olen linnas sündinud ja see on minu loomulik elukeskkond. Kuid ikka tekib igatsus maale minna. Maal olemine ja maal tegemine muudab. Istutamine, niitmine, hoonete korrashoidmine, puulõhkumine ...

Tegelikult on see ka väga praktilistest vajadustest kantud elu neljandikul aastast. Tuua lapsed linnaelust välja loodusesse: aasale, metsa ja mere äärde, teha teine eluviis neilegi lähedasemaks. Lapsed muutuvad maal, linnavibratsioonide puududes mõjutab neid hoopis teine, rahulisem olemine. Maakodus on meil üksteise jaoks rohkem aega.

Õigemini, see peamiselt eesti kirjandusest tuntud eestlaste elu saab mõistetavamaks ise maaelu elades. Sellest kokkupuutest tekib mingi isemoodi järjepidevuse meenutus ja tunne: mida minu esivanemad on pidanud tegema, et elus püsida. Arusaamine ja austus nende vastu süveneb, ehkki minust enam ilmselgelt talupoega ei saa. Olen linnainimene, kes tahab mäletada maaelu – elades ajuti looduse keskel mereäärses külas Liivimaa piiril – ning mõista esivanemaid maainimeste kaudu vahel ka nende ellu ja töörütmi sisenedes.

Ja eriti palju rõõmu annab kogemine, et külainimesed on meid omaks võtnud. Vaatamata meie abitusele paljude asjadega hakkama saada.

See kõik aitab midagi meile, eestlastele, loomuomast meeles pidada.

Siin meie järjepidevus on.

My first memories of Estonia are connected with my memories of love, they are somehow dissolved into one. Bright days of daub and the wattle of shadow and pain. Already here I detect the big question of the infinity of the living, the existence and myself.

This really personal Estonia has come to me through my childhood, my mother and father, brother and sister, grandparents and uncles, Tallinn streets (especially Koidu and Jakobi Streets) and the village of Väike-Kareda; printing-house and the smell of books, playing music and theatre and after all that play—and schoolmates, yards and schools. I owe this feeling also to my friends and colleagues, all my kindred spirits and co-members of the congregation. It cannot be separated from Mare, my wife, my children and grandchildren.

It is in me thanks to my teachers and spiritual guides who transferred to me the Estonian spirit and soul, the Estonian era. I believe they could sustain it as their hearts fed on love. Together with this love for Estonia they could give me, even without putting it in words, belief in God and His love. I do not remember that these teachers of mine would have expected the Estonian era of independence to return. But the very hope that it might still be possible, lived on inside of me thanks to God.

The marvellous, poignant Estonian poetry, good literature and theatre have played a big role in my life. The songs and music that have been heard here have influenced me.

It seems to me that Estonians are, first and foremost, rural people. One of my friends was planning to leave Estonia for good. He was offered a diplomatic post in the Mediterranean region. He turned it down. When I asked him why he said he was not sure. Perhaps because of the smell of the marsh. They do not have it there. I was thinking what a beautiful answer it was. Sometimes I think that every Estonian here has his own smell of the marsh. And I asked myself what was mine. How does my Estonia smell? What keeps me here, what ties me just to this land? Even when this land is so often rainy, muddy, cloudy and stunted.

But how beautiful its short summer is!

I do not deny the town, I was born in the city and it is my natural environment. But I still have the yearning to go to the countryside. Being there and doing the necessary chores changes one's very being. Planting and mowing, maintaining the buildings, chopping firewood …

For one-quarter of the year, life is governed by pragmatic needs. One feels one should take the children out of town and into the outdoors, to the meadows and woods and the seaside, make them experience this other kind of life. The children become different in the country, they are not restless any more. The town vibrations missing we all have much more time for each other.

What I actually wanted to say that the Estonians' life learned about in literature becomes much clearer when you live in the countryside yourself. This provides you with a feeling of continuity, consistency, when you grasp what the ancestors had to do to keep alive. You begin to understand them better and you can't help respecting them although you know that you will never be a farmer yourself. I am a town dweller who wants to remember the country, so I have spent some time living in a seaside village near the historical Livonian border, and sometimes I come to understand a bit more about the villagers' life and work.

It makes me happy to realize that the villagers have accepted us even when we are sometimes quite helpless to cope with several things. This also helps us remember and this is where the continuity lies.

Kui ma mõtlen meeltega aistitavast Eestist, siis minu jaoks on see kõik seotud metsa, põllu, karja- ja heinamaa, mere, järvede ja jõgedega. Ja teed – rikkalikult teid! Ma ei tea, miks linn tuleb neis seostes teisena ja kui linn, siis tuleb ta minu meelde siia otsekui natukene eksinud inimeste kaudu. Pealetulev uus on tihti kuidagi karjuv ja mürisev, olgu see teedel või tänavatel, õhus või eetris. Tõeline Eestimaa oleks nagu ootel, ootaks nagu vaikusse mähituna. Eesti ilu avaneb vaikustes.

Väga olulise pöörde Eestimaa ja eestluse mõistmises tekitas minus Stockholmis-käik Noorsooteatri trupiga 1979. aastal.
 Mängisime väliseestlastele lavakompositsiooni "Ramilda Rimalda", mille Paul-Eerik Rummo koostas Lisl Lindaule Tammsaare naistegelaste põhjal. Muidugi puutusime pagulastega kokku ka vabal ajal etenduste vahel. See kokkupuude, külaskäigud ja pikad vestlused ning jalutuskäigud Kalju Lepiku, Harri Kiisa, Ilmar Laabani, aga ka omavanuste Jaan Seimi ja Maria Kiisaga avasid minu silmad.
  Siis hakkasin esimest korda elus mõistma – õigemini, tajusin kogu oma olemuse, südamega – selgesti ja valuga, mis meie rahvaga oli juhtunud. Neid haavu meie rahva ihus ja hinges. Selle kaudu tuli isemoodi tajumus rahvast kui tervikust, "eesti rahvuskehast", kui nii võib öelda.
 Meenub mälupilt, mis selle kuidagi eriti ilusti kokku võtab. Sõitsime laevaga pärast Stockholmis viibitud nelja päeva sadamast välja, kodu poole. Meie lehvitame laevalt ja nemad kaldalt. Pikalt. Niikaua kui vähegi üksteist näeme.
Saan praegu aru, et see kokkupuude väliseestlastega, kellest meile seni oli püütud luua pilti kui kahtlastest ja ohtlikest rahvareetureist, aitas mul hiljem mõista ka "idapagulasi", nende seas oma isa ja tema sundpaguluses viibinud vanemaid. Tunda äkki Eestimaad, oma kodumaad sellest ilmajäänute, kodumaatute saatuse ja valu kaudu. Tajuda tervikuna oma rahvast, kelle rüppe lapsest saati olen kuulunud. Kuulda vägivallast, küüditamistest, sunnitud põgenemistest.
 Ja see teadvustus tekitas põletava soovi end ümbritsevaid inimesi aidata, aidata kaasa oma rahva vaimsele, hingelisele ja ihulisele tervenemisele. Tõe ilmsikstulekule.

 Minu lavatöödes kohtab harva eesti autorite või eesti tegelaskujude nimesid. Ometi on need kõik tehtud eelkõige eestikeelsele publikule ja ka eesti inimestest lähtuvalt, nende vaimu- ja hingeilmast, nende suhetest mõeldes. Nii olen püüdnud leida kontakti teistest rahvustest inimestega: autorite ja nende tegelaskujudega, mõista ühist, ühendavat ja selle kaudu ka ainuomast erinevatel rahvastel. Olen distantseerunud, et mõista koos publikuga, mis meil on, mida me saame omaks hüüda, mis meie hinge puudutab. Ja mis meil puudub – nii heas kui ka halvas.

Sedalaadi tunnetustöö on olnud oluline, mõistmaks eesti rahvast, kes on minu jaoks veidi ikka "risttee-rahvas". Võib-olla on just selles osa tema ristiteest ja (ka) pääsemisest? Erinevate kultuuride mõjuväljas olemine sajandite vältel on loonud äsjasele külainimesele hea eelduse tänases globaalses külas hakkamasaamiseks. Ja eneseks jäämiseks.

When I think of Estonia perceived through the senses, it all comes
down to woods, fields, meadows, pastures, the sea, lakes and rivers.
And even the roads—so many roads. I do not know why the town
comes second in these associations and when it does, it is through
the people who seem a bit lost. The advancing new is too noisy,
roaring even, everywhere, on the roads and in the streets, in the
air and on the air. The real and true Estonia seems to be expectant
in silence. The beauty of Estonia opens only in silence.

> My understanding of Estonia took a turn in 1979 when
> our Youth Theatre troupe visited Stockholm.

We performed a stage composition, Ramilda-Rimalda, for the Swedish
Estonians. Paul-Eerik Rummo had compiled it for Lisl Lindau and it was based
on Tammsaare's female characters. We also met the exile community outside
the performances. These meetings and long walks with Kalju Lepik, Harri
Kiisa, Ilmar Laaban, but also people of our own age like Jaan Seim and Maria
Kiisa, opened my eyes.

> For the first time in my life I grasped, actually perceived with my
> heart and senses, what has happened to our nation. It was suddenly
> clear and very painful. What wounds there were in the soul and body
> of our nation. I started to perceive the whole, the entirety.

I remember how we left Stockholm for home after the four days spent
there. We were waving from the railing, they were standing on the pier
and waving back. Waving for a long time. For as long as we could still
see something of each other.

> I understand now that this meeting with Estonians abroad who up
> to then had been treated suspiciously as dangerous traitors of their people
> by our authorities, helped me later to understand better the "eastern exiles",
> my own father and his parents in enforced exile among them. I recognized
> my homeland Estonia suddenly through the pain of those who had been
> forced to leave it, through the destiny of those deprived of their home.
> Through the violence, deportations and enforced departures.

This understanding gave birth to a burning wish to help the people around me, to help
my people to heal, in soul and in body. To know the truth.

In my stage productions Estonian playwrights and Estonian characters are seldom
encountered. Nevertheless, they have all been produced for the Estonian-speaking
audience and they all spring out of the Estonian soul and mind, thinking about
their relationships. I have tried to find contacts with people of other nationalities,
both authors and characters; to understand the common and the connecting link
and by that means, the different. I have tried to comprehend together with my
audience what is ours, what plays on our heartstrings. And what we are missing—
both in good and in bad.

> This sort of perception has been essential to apprehend
> the Estonian people who, forßme, have always been "people
> on the crossroads". Being influenced by different cultures
> throughout the centuries has provided the recent villagers
> with good prerequisites to cope in the global village
> and to survive. And to remain themselves.

Eestimaa on osa Maarjamaast. Kristlus annab meie identiteedile selgemad ja puhtamad piirjooned. Ma loodan näha üha enam elule ärkamas ja meile iga päev jumalikku elu vahendamas neid vanu väikeseid kirikuid, mis Eestimaa nii kauniks muudavad. Kui hea oleks elada vaimselt ja looduslikult puhtas keskkonnas! Kuid see nõuab võitlust ja see võitlus on väga suures osas meie endi võita.

Eestile mõeldes tahaks kõnelda ainult ideaalsest, hellast, tundelisest – sest Eesti äratab hellad tunded. Kuid see tunduks ühekülgne ja kui mitte vale, siis puudulik, pooltõde. Nii kõneldakse kadunukesest. Kuid vigadest ja puudustest rääkida ei tahaks. Tahaks aidata neid ületada, parandada, tervendada. Kuidas? Selleks tuleb osata need endale ausalt teadvustada ja siis eelkõige oma süda avada ning allutada muutumisele, puhastumisele, uuenemisele. Siis saab muutuda ka Eesti ja maailm. Tähtis on leida tõesed väärtused ja vägi nende järgimiseks. Leida, mida silmas pidades end muuta, mille järgi mõõta enda käitumist, omi mõtteid, sõnu, tegusid ja tegematajätmisi. See väärtusskaala, mõõdupuu on meis ja meie ümber olemas, on hea tahtega inimestele kergesti leitav.

See nõuab muidugi ka usku.

Mis usku on eestlane?

Vaatamata meil valitsema tõusta tahtvale hedonistlikule revüükultusele, on vaimsed otsingud eestlaste seas vägagi au sees. Uskumuste pilt on kirev. Vabakirikute liikmed, luterlased, ortodoksid ja katoliiklased elavad koos kirikust vabade ja ka põhimõtteliste ateistide, muhameedlaste ning budistidega. Rääkimata Eesti vana usundi taaselustajatest, šamaanidest ja maagidest.

Kuid me elame ikka vaid oma tegeliku usu järgi. Ja võime teha võib-olla üllatavaid avastusi, kui võrdleme seda, mida arvasime end uskuvat, sellega, kuidas meie tegelik usk igapäevases elus-olemises, väikestes ja suurtes tegudes avaldub. Ja millele see vastab.

Mina ei saa jagada eneselunastamise usku. Eestigi ei saanud ju vabaks puhtalt iseenda abil. Me peaksime tihemini mõtlema, millest me vabaks oleme saanud. Ja mille jaoks. Ja millest me veel vabad ei ole. Näiteks: kas me oleme tõesti ka sisemiselt vabad? Kas Eesti vaba riik (nüüd küll juba Euroopa Liidus) on meile kaasa toonud ka sisemise vabaduse?

Eesti rahvas on minu jaoks maa- ja laulurahvas, aga ka teatri- ja naerurahvas. Vahel tundub, et eestlase jaoks on mingi väljapääs ka naljas ja naerus. Ma millegipärast ei näe (või ei taha näha) täna naermas üksikut eestlast, eestlast üksinda. Naerdakse koos. Koos pannakse ka üle võlli. Kuid siis kuidagi ka muudetakse midagi endas ja enda ümber. Seni, kuni aru saame, et mõne nalja pärast hakkab hing liiga imelikult kipitama, on asjad veel õiges suunas liikumas.

Mõeldes meie kogukondlikkusele ja individualismile:
kuidas kõlaks viimase eestlase naer?

Mis võiks olla eesti rahva ühtsuse sümbol? Laulukaar – see näib olevat meie katedraal. Arvan (õigemini: vist küll unistan!) siiski, et laulukaar ühenduses katedraaliga, kus Kristuse vahendusel oleme ühenduses teistegi rahvastega – kõigi elanud, elavate ja tulevate inimestega. Inimeste ühtsuse sümbol. Meie rahva saatus ja terveolek sõltub sellest, millisesse ühendusse me astume teiste, meid ümbritsevate rahvastega.

Mis on see sisuline, peamine ühenduslüli? Usun, et armastus sünnitab inimlikkuse kõikehaaravas mõttes. Ja et armastus sünnitab inimisiksuse kui rahva olemasolu lätte.

Õppides õigesti armastama, õpime olema ka paremad, väärikamad eestlased. Paljud meist on selleks valmis. Kelle poole me eeskuju otsides vaatame? See lõpuks määrabki, kelleks me saame, kuhu me välja jõuame. Inimestena. Isiksustena. Eestlastena. Rahvana.

Meil on õigus lootusele.

Estonia is a part of Terra Mariana*. Christianity gives our identity clearer and purer outlines. I hope that the few old and small churches that make Estonian landscape more beautiful, will resurrect. It would be wonderful to live in an environment that is pure in its spirit and nature. It is something for which we must struggle and the outcome of the struggle is in our own hands.

Thinking about Estonia I would like to speak only about the ideal, the gentle and sensitive as Estonia wakens these gentle feelings in me. This, however, is too one-sided and if not downright wrong, a semi-truth still. This is how we talk about the dearly departed. Even if we do not want to talk about drawbacks and errors, we should be able to look at them and open our hearts to change, purification and rejuvenation. If we do, all of Estonia and even the world would change. It is important to find true values and the wish to follow them; to know how to assess one's own conduct, thoughts, words, actions and omissions. This scale or yardstick is in us and people with will would find it without great difficulties.

It also needs belief. What do Estonians believe in?

Despite the prevailing hedonistic cult of revue, there is respect for the spiritual search. The general picture of beliefs is variegated indeed. Members of free churches and orthodox denominations, Lutherans and Catholics, live together with people of no denominations and principled atheists, Muslims and Buddhists, to say nothing of those who want to revive ancient Estonian beliefs and shamans.

We live according to our belief and may discover surprising things upon finding out how this belief reveals itself in our everyday life.

I personally cannot share in the belief of self-redemption. Estonia did not become free only thanks to itself. We should think about what we are free from much more often. And what for? And what we are not free from yet. For instance, are we free in ourselves? Has free Estonia, the Republic of Estonia, brought us inner freedom?

The Estonian people are for me rural people, people of song but also of theatre and laughter. Sometimes I have felt that Estonians find release in jokes and laughter. Perhaps I have not wanted to see it, but I have not seen Estonian laughing alone. We laugh together. We go overboard together. Something changes in the individual though, during this togetherness. As long as we understand that some jokes go too far, things move in the right direction.

A propos of our individualism and community spirit:

How would the laughter of the very last Estonian sound?

What symbolizes the unity of the Estonian people? The arch of the song festival stage seems to be our cathedral. My dream is for this arch, together with a real cathedral, to connect our people through Christ with other peoples. The destiny of our people lies in our relations with other nations around us.

What is the main connecting link? I believe in love that gives birth to humanity. And love that shapes the human personality and would be the wellspring of a nation's existence. When we learn to love in the right way we will become better and more dignified Estonians. Many of us are ready for that. Where should we look for models? This is essential for what we will become as human beings. Personalities. Estonians. A nation.

We have the right to hope.

* The crusaders of the 13th century dedicated the land they occupied to the Virgin and in the Estonian language it is Maarjamaa (Mary's land). Now the term is mostly poetically used. (Translator)

Evar Riitsaar

kuninga hingega
Setu kunstnik. Elab
Obinitsas koos
naise Kauksi Ülle,
tütar Leelo ja poeg
Truvariga.

a Setu artist with
a soul of a king.
He lives
in Obinitsa
with his wife
Kauksi Ülle,
daughter Leelo
and son Truvar.

Evar Riitsaar Setu ateljee-galerii Hal'as Kunn uksel.
Evar Riitsaar at the door of the Setu studio-gallery Hal'as Kunn.

Eesti inimene on alati hinnanud privaatsust ja osanud loodusega kooskõlas hingata. Ma arvan, et just looduse rüpes tulevad välja meie parimad omadused, siis on eestlane ise. Globaliseerumine on teinud meid küll väga rahvusvaheliseks, kuid usun, et sellega oleme kaotanud palju oma iidsest mere- ja maarahva loomusest.

Eestlast on peetud targaks rahvaks, peaaegu nõiarahvaks. Me oleme osanud suhelda oma maa jumalustega, oleme pidanud metsa, maad ja vett pühaks. Kuid sajanditega on see maha tambitud ja asendunud ebakindlusega. Eestlane peaks taas mõlema jalaga oma maal seisma, saama lahti mõisaajal sisse pekstud alamatundest. Et me ei müüks maha oma viimaseid panku ja poode. Et me suudaks taas ise olla peremehed omal maal ja kodus.

Usun, et üks hetk see muutus mõtlemises ka toimub. Kui tahame saja aasta pärast eestlasena olemas olla, peame leidma midagi, mis meid aitaks eestlaseks tagasi saada. Ehk saab maalähedane eluviis mingil hetkel eluküsimuseks. Kui globaalsed mõtete, asjade ja tegude prügimäed kasvavad üle pea, siis tunned, et on vaja midagi teistsugust. Eesti maa laeb ka vaimselt.

Setudel on omamoodi ühtekuuluvustunne. Meid on pillutatud igale poole üle ilma, kuid ka Tallinna või Tartu vahel trehvates ei tule meil pähegi eesti keeles rääkida. Setu olemus avaneb eriti hästi just koos olles — kui saame siin, Setumaal, oma rahvaga kas või mõnel sünnipäeval või külapeol (kirmaskil) kokku, siis tuleb see nii ehedalt välja. Improvisatsioon ja laul on meil alati aukohal olnud, igapäevane loomingulisus ja rahvakultuur on meid elus hoidnud läbi väga erinevate aegade. Laulikut kardeti ja austati. Kui toimusid mitmepäevased pulmapeod, siis olid alati kohal ka kuulsad eeslauljad, kes panid kogu elu laulu sisse. Nõnda laulu seatuna võisid need elud ka sajandeid kesta.

Usun, et setudel on õnnestunud tänaseni kanda endas põliseid teadmisi ja elulaadi. Võib-olla just seepärast, et olime nagu mõnes mõttes eikellegimaa — liiga kauge nii eestlastele kui ka venelastele. Eks eestlastest ole seda mälu rohkem välja uhutud, sest alati on olnud soov saada kellekski teiseks — olgu siis sakslaseks või eurooplaseks. Setudes on veel metsikust.

Estonians have always appreciated privacy and have been able to breathe in harmony with Nature. I think that our best qualities appear when we are in communion with Nature. This gives us an opportunity to be ourselves. Globalization has made us international but I believe we have lost too much of our ancient character— of a people living in harmony with their woods and the sea.

Estonians have been considered wise people, sometimes even more—a sorcerer people. We have been able to communicate with the gods of our realm, we have held the forest, the soil and the water sacred. Unfortunately, the past centuries have brought uncertainty instead. Estonians should again stand firmly on their land and forget the inferiority that was beaten into us by foreign overlords. We shouldn't sell our last banks and shops, we should be able to be masters of our own country and home.

I want there to be a change in thinking. If we want to be Estonians in a hundred years' time, we should become Estonians now. Leading an existence that is close to Nature might help us again. At the time when global thinking, objects and actions threaten to bury us beneath their garbage, one feels the need for something different.

The Estonian soil can give the spiritual charge as well.

The Setus have a peculiar sense of togetherness. We have been tossed here and there all over the world but meeting each other somewhere between Tallinn and Tartu, we still speak our own language. We open up when we are together, when we meet here in Setumaa at a birthday party or village gathering—this is the real thing. Improvisation and singing have been our thing, creativity and folk culture have helped us to survive in different times. Our bards have been feared and respected. Well-known singers were always present at weddings. They could put a whole life into a song and thus this life was made to last for centuries.

I believe the Setus have been able to preserve their ancient know-how and even their way of life. It may be due to the fact that we have been a sort of no-man's-land—too far from the Estonians and the Russians alike. The Estonians have been forced to forget the ancient traditions and sometimes they have wanted to become more German or more European. The Setus still harbour something of the wild.

kannab seda vabaduseiha ja vastuhakku, mille mootoriks on soov kujundada meie elukeskkond inimlikumaks, lootusrikkamaks. Kui vaja, korraldab pikette, ajab Uue Maailma asja ja kimab surmapõlgurlikult jalgrattaga Tallinna südalinnas.

embodies the type of freedom and rebel spirit that is driven by the desire to make our environment more humane, more optimistic. If necessary he organizes demonstrations, improves make the Uus Maailm neighbourhood a better place, and cycles death-defyingly in the centre of town.

Erko Valk koduhoovis Uue Maailma Koidu tänavas.
Erko Valk in the yard of his home in Koidu Street, Uus Maailm.

Minu kõige erilisemad ja olulisemad kohad Eestimaal on seotud sõpradega.
Ja neid on mitu. Pagen sinna, et olla koos nende ja vägeva loodusega.
Üks selline paik on sõber Madise urgas Liinul – igasugusest asustusest
kilomeetreid eemal asuv ürgmets, mis lausa sunnib süüvima, eelkõige
iseendasse, ja kus mobiilil pole levi, hoolimata järve tagant paistvast vaadet
rikkuvalt vilkuvast mobiilimastist. Sõprade Marteni ja Mihkli maakoht
Kassaril – väikeste küngaste ja energiasammastega mereäärne, hõre
kadakarikas mets, mis on UFO-de külastatavuselt vähemalt tipp kolme
seas maailmas, kui mitte esimesel kohal. Samas on hiiglaslike põldude
vahel tohututest palkidest ja savist kokku mätsitud hoonetega Martini
talu Karijärvel täiesti teistmoodi kant: säärane Tammsaare suurteose laadi
lootusetu koht, kus minusugune linnamees käib ennast töösse uputamas
ja nautimas sauna, mida kütad terve päeva, misjärel saad kolm päeva
korralikult vihelda.

Või siis Leisi-kant Saaremaal, kuhu ma vast kõige rohkem olen sattunud end
laadima – täiuslik rookatustega talukompleks heinamaade vahel. Koht, kus
lõkke ääres on lauldud üheskoos kõik endast välja, kukutud magama just sinna,
kus parasjagu enam ei jaksa, söödud tundide kaupa hommikust, mille järel taas
saabuvale unele lihtsalt ei tohi vastu panna.

Aga tööd, seda mitte kunagi lõppevat tööd, on rabatud kogu lõbu ja nautimise
vahele kõigis neis paigus ontliku eestlase kombel: ennastunustavalt ja -salgavalt.

*V*õib-olla on see kuidagi imelik, aga mul on k o h t ka linnas. Eriti
kummaline on muidugi, et see koht asub pealinnas. Ei-ei, näiteks
Berliin või Barcelona, isegi Helsingi on minu jaoks kordi sümpaatsemad
kui Tallinn. Aga ka siit leiab vingeid paiku. Minu lemmik on Uue
Maailma kant. Minu kodukant. Isegi kui see tundub esmapilgul üks
mõttetu agul, mis ei eristu teistest sarnastest eriti millegi poolest. Kuid
tundes neid inimesi ja ideid, muutub see koht väga eriliseks. Siin särab.
Siin näen, et inimesed saavad ka linnas üksteisest ja ümbrusest hoolida
ning usun, et linnaruumi on võimalik ka oma näo järgi kujundada.
Ja kui kaks-kolmsada inimest midagi koos tahavad, siis ei saa ükski
parteilane neid jobudeks kutsuda.

Tallinnal on peaasjalikult üksainus suur keskus, kuhu kokku
tullakse – vanalinn. Tegelikult võiks väiksemaid keskusi olla üle
linna, erinevates asumites: erilise miljöö ja arusaamadega paiku,
mis on seal elavate inimeste nägu. Sellised kohad rikastavad linnu ja
pakuvad avastamisrõõmu ka aastaid samas linnas elanud kohalikele.
Samuti väldiks nii igapäevast meeletut autodega pendeldamist
südalinna ja põllupealse kipsmaja vahel, mis minu arvates on stressi
ja varase surma üks põhjuseid. Väikestes kohalikes keskustes oleks
kõik vajalik (ja on tohutult asju, mida inimesel tegelikult vaja
ei lähe) jalutusteekonna kaugusel. Nii et sealt ei peakski mõjuva
põhjuseta lahkuma.

The most special and particular places in Estonia for me are connected with my friends. And there are several of them. These are the places to escape to if I want to be with them and the terrific nature. One of them is my friend Madis's place in Liinu—kilometres from the closest settlement, in a primeval forest where your mobile has no reception even though you see the transmitter tower blinking just beyond the lake. It downright forces you to look deeper into things, above all into your own self. My friends Marten and Mihkel have a place in Kassari, a small sea-side place with hillocks and energy posts, sparse forest with many junipers in it. This spot is often visited by UFOs. It must belong to the top three places for UFO sightings, maybe even number one. My friend Martin's farm on Karijärv, a lake, is just the opposite. Big log buildings stand amidst large fields. A townsman like me can go there to do hard work and enjoy the sauna. It has to be stoked all day but then keeps its heat for three days.

Or Leisi in Saaremaa, where I can recharge completely and frequently. This is a farm where the buildings with thatched roofs stand amidst meadows. We've sung our sorrow and cares away there, around the bonfire. We have fallen asleep when there was nothing else to do, we have enjoyed long breakfasts and gone back to sleep.

The work, the never-ending work has been selflessly done, just as an Estonian should and does do it—with self-abandon.

It might sound strange now but I have got a "place" in town as well. It is even stranger that this place is located in the capital city. Actually, I like Berlin and Barcelona and even Helsinki more than Tallinn, but Tallinn has some really cool places, too. Uus Maailm* is my favourite. It is my home area. Even if at the first glance it may seem a pointless working-class district, no different from any other similar part of town, but this is my home and it becomes special when you get to know the people who live here and the ideas that they have. This place has proved to me that people can care about each other and their environment also in towns and it has made me believe that people can model their surroundings as they wish. And when there are about two or three hundred of these people no party-functionary can call them jerks.

Tallinn has mainly one big centre and this is where people meet— the Old Town. There should be several smaller centres in other residential areas as well, places that take after the people who live there. These centres would only make the whole town richer and avail people of the same town some joys of discovery. At the same time they would enable people to avoid toing and froing between the centre of the town and their light silikaat brick homes out in the field—I think the latter is one of the reasons for stress and untimely death. The small local centres would provide people with all the necessities (and there are too many things people do not need at all) and they could get to them on foot.

---

* Uus Maailm (The New World) is the name of a residential area of Tallinn, built in 1873–1883, the streets of which were called Suur-Ameerika and Väike-Ameerika. They were named after the pub and guest-house Ameerika of the 18th-19th centuries at the corner of Pärnu Road and Suur-Ameerika Street. (Translator)

Ükskord sattus mu juurde paariks päevaks ja ööks elama üks Montreali tüüp. Ta sõitis bussijaamast otse Koidu peatusse ja veetis kogu Tallinnas oldud aja Uue Maailma kandis. Lihtsalt nii põnev oli. Kohtusime pidevalt uute inimestega, sõime erinevates kodudes hommikust ja õhtust, aitasime naabritel puid riita laduda, vedelesime piknikul ja suhtlesime kohalikega. Teise päeva õhtul tundsin veidi süümekaid, et polnud kauget külalist vanalinna ja Tallinna keskajaga tutvustanud. Aga kohe kui ma sellesisulise ettepaneku tegin, sain aru, kui kohatu see oli. Järgmisel hommikul läks ta trolli ja bussiga lennujaama. Eks ta nägi siis sealt aknast ühte-teist. Vabaduse parklat ja Sakala keskuse varemeid ja Estonia teatrimaja, laia Tartu maanteed, Ülemiste keskust ...

Kunagi Taimaalt tagasi tulles lendasime Viini kaudu. Oli vabariigi aastapäev ja Tallinna lennukini mõni tund aega. Otsisime üles Eesti saatkonna Viinis ja laulsime selle ees tänaval hümni ning puha. Kahjuks ei olnud saatkonnas kedagi, kellega häid soove vahetada – nagu president Meriga igal aastapäeval Vabaduse väljakul on käteldud. Mistõttu kirjutasime ukse taha vaibale kogunenud postisaadetised õnnitlusi täis. Ei tea, kas saatkonnatöötajad tagasi tulles pahandasid sodimise pärast või hoopis arhiveerisid selle kõik kui folkloori ...

Meil on muide sõpradega juba ammune tava igal aastapäeval end hommikul üles ajada ja päikesetõusul Toompeal lipu all laulda. Kui mõnda pole väga kaua näinud, siis see on koht, kus kindlasti võib kohata ja rõõmustada.

Alates Balti keti toimumise päevast, kui ma jalgrattaga mööda autotuid tänavaid piki käest kinni hoidvat inimestejada veeresin, on mu peas nägemus linna võimalikkusest olla stressivaba inimsõbralik koht. Olin siis 10-aastane ja sain aru küll, et toimub midagi väga suurt, hingeminevat ja põhjapanevat terve Eesti jaoks. Siiski on mulle ennekõike mällu sööbinud pilt linnast, kus inimesed on tänaval sõbralikult koos ja nende tahtest saavad võimalikuks muutused. Ega iga päev saagi olla Balti kett, aga koostegemisi ja muutusi peab rohkem olema. Lisaks võiks olla Tallinnas veel vähemalt üks autovaba jalakäijate tänav lisaks Katariina käigule. Ja olekski juba oma riigist rõõmu rohkem.

Ma usun ka, et peaksime küsima oma riigi kohta rohkem. Päris küsimusi. Ka eksistentsiaalseid. Igavikulisi. Iga päev. Avalikult. See, kas meie oma riigil ja eestlusel on miski suurem idee, mis seletab meie olemasolemist ja aitab ellu jääda, on võtmeküsimus. Kui leiaksime selle ja seda viiksid seotult ning mõtestatult edasi kõik valitsused nende parteilisest koosseisust olenemata, oleks Eestil juba lootust. Ainult totakate loosungite, monumentide ning praktiliste igapäevaelu küsimustega edasi jauramise korral nendib ajalugu kunagi: "Oli kord eestlane. Ise oli süüdi."

Ja vabaduse kohta peame küsima ka. Liiga paljudele tähendab vabadus lihtsalt võimalust soetada uus auto. Oh, ja siis peame veel küsima maailma kohta ja õnne kohta. Üldsegi peaks rääkima rohkem. Võtma aega rohkem. Ja julgust peab rohkem olema. Julgust erineda.

Once I had a guest from Montreal stay at my place for a couple of days. He came straight from the bus terminal to Koidu stop and spent both his Tallinn days around Uus Maailm. He found it thrilling. We met new people all the time, had breakfast and supper in different homes, helped our neighbours pile up their winter firewood, went out for picnics and socialized with locals. On the second evening I became a bit worried that this visitor from a far-away place had not seen the Old Town or learned about the Middle Ages in Tallinn. I suggested that we might redress this, but half-heartedly. Next morning he left, taking a trolleybus and then a bus. He might have seen something from the window. The parking lot in Vabaduse Square, the ruins of the Sakala Centre, the Estonia Theatre, wide Tartu maantee and the Ülemiste Keskus shopping mall …

We returned home from Thailand once via Vienna. It was Estonian
Independence Day and we had a few hours before our plane left
for Tallinn, so we located the Estonian Embassy to Austria and sang
our anthem in front of it in the street. What a pity there was nobody
there at the Embassy, we would have liked to exchange best wishes
and congratulations. We did this every Feb. 24 with President Meri
in Vabaduse Square. So we left our messages of goodwill on the letters
that had been left on the doormat. It would be nice to know whether
the embassy employees were pissed off by our scribbles or stored them
in an archive for future folklore collections ...
My friends and I have a longstanding custom of getting up early on
Independence Day morning and gonig to Toompea
to serenade the flag at sunrise. When there's someone
you haven't seen in a long time, this is a great place
to meet up and rejoice together.

Ever since the Baltic Way, when I cycled along the
car-free streets past people standing and holding hands, I
have had this vision of a town as a human-friendly place.
I was only ten years old but I grasped that something
really big was happening, something of key importance
for Estonia. The sight of people together in a friendly way
and wanting changes so much that it seemed sheer will
would make it come to pass. We certainly cannot have
human chains every day but there should be more occasions
when we do something together. In addition to Catherine's
Passage we could have some more car-free streets in Tallinn.
And everybody would be happier about our own state.

I also believe we should be more curious about our state and
ask more questions. Real ones. Existentialist ones as well. Questions
about eternity. We should do it every day. Publicly. It is a key issue
whether we have some greater idea about Estonian identity that
would explain our existence and help us to survive. If we found
it and it were developed by every government, whatever their party
or coalition, Estonia could dare dream. But if we have only stupid
slogans, monuments and pragmatism, history will state: "There once
was an Estonian. And the past tense was his own fault."
We should also ask questions about freedom. There are too many
who think of freedom only as an opportunity to buy a new car. Oh,
and we should also ask questions
about the world and about happiness.
And we should talk much more.
And take more time. And we should
be brave. We must have courage
to differ.

heinalõhn ja grillivinu
puud pugenud majadele rohkem ligi
suminad, kahinad, vidinad läbisegi
ikka kauge lennukimürin pilvede taga
sügis saab lõhnama õuntest

Wimberg

aroma of hay and smell of grill
trees snuggling closer to the houses
buzzes, rustles, twitters pellmell
distant roar of an airplane behind the clouds
the autumn will smell of apples

                                      Wimberg

kohtusid Calgary
olümpiamängudel ning elavad
praegu koos kolme pojaga
Tallinna piiril.

Anna ja Allar

met at the Calgary Olympic Games and now live with their three sons on the outskirts of Tallinn.

Gvardi

Allar, Arlet ja Anna Levandi oma kodumurul Ülemiste külje all.
Allar, Arlet and Anna Levandi at their home near Ülemiste.

Allar: "Sportlane tegelikult ei mõtle võistlustel oma riigile ja rahvale, pigem üritab keskenduda sooritusele. Kui läheme rahvusvahelisele areenile, siis mitte kedagi ei huvita, mis rahvusest sa oled – me lihtsalt teeme oma tööd. Lilled ja aupaiste tulevad hiljem.
   Kuid ära olles olen kõige enam igatsenud kodu kui rahu. Seda olekut siin, seda aurat ja turvatunnet, mis mu ümber on Eestis. Ja maaga on tekkinud mingi sõnulseletamatu kontakt – kodu ongi loodus ja maa. Kui olen kuskil soojas kohas, siis sealse rikkaliku looduse keskel igatsen ikka oma mände, kuuski, liiva ...

Eestlasel on hästi palju sarkasmi, meie huumor on pigem satiiriline. Eestlasel ei ole sellist lihtsat nalja, et naerad vabalt: pigem tehakse nalja kellegi kulul. Eks ma ise samuti. Mõnikord võib see tunduda väiklasena, kuid samal ajal võib see olla ka vahva. Soomlased ja lätlased saavad sellest võib-olla aru, kuid leedukad juba mitte ..."

Anna: "Ei saa üldistada rahvuspõhiselt, oluline on inimtüüp. Igal rahval on omad lollid ja omad targad. Ning tavaliselt tunneb omasugune teise ära. Mul on vedanud: Allari pere ja tema sõbrad võtsid mind siin hästi vastu. Võib-olla keegi on arvanud ka teisiti, kuid ega keegi näkku tule ütlema.
   Kes ma olen? Venemaal elavad mu ema, isa ja vennad, kellega mul on väga lähedane suhe, aga Eestis on mu pere ja kodu. Ma ei igatse Moskva elu järele, meeldib rohkem rahulik elurütm Eestis. Võib-olla on asi ka selles, et minu lapsepõlv ja noorus Moskvas ei olnud nii kerge, et paneks igatsema: suurlinna miljonite sees oli raske välja paista. Pärast Allariga kohtumist tulin Eestisse. Siis läksime kolmeks aastaks perega Norrasse. Lõpuks jõudsime ringiga Eestisse tagasi, olen ikka tundnud, et elan koos selle riigiga. Väga oluline on tunda end vajalikuna – ja ma olen siin vajalik.
   Ma elan eestlasega koos, aga ise olen venelane. Seetõttu on mul huvitav positsioon: ma näen mõlemat rahvust nagu kõrvalt. Näen miinuseid ja plusse.

Venelased tunnevad end Eestis väga erinevalt. Ärieliidil on siin mugav: natuke Eestis ja natuke Venemaal, nii, kuidas on kasulik. Kuid teine äärmus, inimesed, kes ei suuda otsustada, kumma riigi kodanikuna nad ennast tunnevad – neis on tekkinud sisemine viha ja kompleksid. Kui venelased on eestlaste kohta keelt teritanud, siis olen ikka küsinud, miks te ei lähe siis sinna, kus on teie juured ja sugulased. Aga kui ollakse näinud viletsat elu Venemaa sügavustes, siis tahetakse ikka elada Eestis. Seejuures ei mõisteta, et just tänu eestlastele saab elada siin nii, nagu elatakse, mitte tänu oma sugulastele seal.
   Millest üldse algab ühe riigi austamine? Kindlasti mitte ristist või sambast – ikka sellest, et ühiskond hingab ühes rütmis. Kuid meil oleks nagu nähtamatu sein vahel. Usun, et selle seina lammutamist peaks alustama ühise haridussüsteemi käivitamisest: alates lasteaiast kuni ülikooli lõpuni võiks Eesti järelkasv õppida koos, sõltumata rahvusest ja kodus kõneldavast keelest.
   Küsimus ei ole enam üksnes keeles, palju tähtsam on Eesti kultuuri, ajaloo ja traditsioonide mõistmine.
Eesti keelt rääkivad venelased on uhked selle üle ning püüavad näidata, et nemad ei ole need, kes lõhkusid siin vitriine. Pangas või Statoilis on puha vene nimedega teenindajad, kes räägivad ilusat eesti keelt. Üldse olen tähele pannud, et pärast aprillisündmusi püüavad ka eesti müüjad, kes on tähele pannud mu vene aktsenti, üle minna pigem vene keelele."

Allar: "A competitive sportsman does not actually think about his country and people but tries to concentrate on what he is going to do. When you are on the international arena nobody is interested in your nationality—we do what we have been training to do. Flowers and glory come later.

"When I am away I miss home as a restful and peaceful place most of all. The atmosphere and the feeling of security that surrounds me in Estonia. An the unexplainable contact with the soil. Home is nature and the soil. When I am somewhere warm amidst the lush nature, I miss our pines, spruce and sand ...

"Estonians are really sarcastic, our humour is mostly satirical. We don't have simple jokes; we'd rather laugh at somebody. I myself do it. It may seem mean, but it is amusing. Finns and Latvians may get it, Lithuanians won't."

Anna: "I am against generalizations according to nationality, I think everything depends on the type of the person. Every nation has its fools and its wise men. And you usually recognize the one among them who is closest to you. I have been lucky—Allar's family and friends accepted me. Perhaps some people have thought in a different way but nobody has said anything bad to my face.

"Who am I? My mother, father and brothers live in Russia and I have a close relationship with them, but my family and home are in Estonia. I do not miss Moscow, I feel better in the peaceful rhythms of Estonia. Another reason may be that my childhood and youth in Moscow were not too easy, among the millions of people in a big city it was difficult to be somebody. After I met Allar I came to Estonia. Then we lived three years in Norway and came back to Estonia. I have always felt I live together with this country. It is essential to feel needed and I am needed here.

"I live with an Estonian but I am a Russian. I have a good chance to see the merits and faults, sometimes even as an outsider to both nations.

"Russians feel things in a different way in Estonia. Big business feels good here: one foot in Russia, the other in Estonia, whichever way is more profitable at the moment. On the other side are the people who cannot decide which citizenship they really want and they feel angry and have lots of complexes. When Russians say bad things about Estonians I always ask why they won't go where their roots and relatives are. But as they have seen the poverty in the central regions of Russia, they want to stay here. And they do not grasp that they can live in this better way here thanks to Estonians, not to their poor relations there.

"Where does the respect for a country start? Certainly not from a cross or a monument—it begins when the society breathes in the same rhythm. But we have an invisible wall between us. To do away with it we should begin with the common educational system: beginning from the kindergarten up to the university the offspring of people living in Estonia should learn and study together, whatever the language spoken at home.

"It is not only the issue of language, it is much more important to understand the culture, history and traditions.

"The Russians who speak Estonian are proud and try to show that they are not the ones who were breaking shop windows and vandalizing the town. Bank tellers and service station attendants have Russian names but speak good Estonian. I have noticed that after April 2007, some Estonian shop attendants who pick up on my Russian accent try to speak Russian with me."

Allar: "Meil on mingid päevad, kui sugulased käivad koos. Ei ütleks, et 24. veebruar – vot ei ole seda tunnet. Pigem lihavõtted, jõulud, emadepäev, 8. märts ..."

Anna: "Vabariigi aastapäeval pole veel traditsiooni, inimesed ei tea siis, mida teha. Süüakse, vaadatakse telerit ja klatšitakse. Venelased ei vaata seda üldse, nad ei tunne sellelt vastuvõtult kedagi. Norras ei ole palju päevi, mida austada. Kuid neid väheseid hakati kohe lasteaias lastele selgitama. Siit kõik algab. Võib-olla tulevad siis ka muukeelsed lõpuks risti juurde ... Kui see rist muidugi tuleb – sest mulle tundub, et eestlased ei oska austada oma vabadust, mille nad on saavutanud. Isegi ühte monumenti ei suudeta üles panna!"

Allar: "We have holidays when relatives meet. Not the 24th of February, no feeling for that. I'd say Easter, Christmas, Mother's Day, International Women's Day …"

Anna: "The anniversary of the republic is not a tradition yet, people do not know what to do. They eat, watch TV and gossip. Russians do not even watch the presidential reception as they do not recognize anybody there. In Norway there are not too many red-letter days but the ones that they have were made clear to the kids in the kindergarten already. This is where it begins. The Russian-speakers might start coming to the cross eventually (a monument to the War for Independence under construction in central Tallinn as the book went to press) …

"If it is built, of course—it sometimes seems to me that Estonians do not respect their freedom enough. They argue about this single monument all the time!"

Jaak Jurisam

on sündinud Viljandimaal ning jõudnud nüüd pärast elu Tallinnas, Tartus ja Võrumaal tagasi Viljandi kanti Tuhalaande. Seal ta nokitseb oma maja kallal, teeb puutööd ja mängib mõnikord pilli.

was born in Viljandimaa and returned there after having lived in Tallinn, Tartu and Võrumaa. He lives in Tuhalaane now, does carpentry work, makes improvements to his house and sometimes enjoys his own music.

Jaak Tuksam Tuhalaanes.
Jaak Tuksam in Tuhalaane.

Ma ei taha ringi reisida, tunnen end siin piisavalt hästi. Kohalik pärimus, mida näen ja kuulen – see läheb väga otseselt hinge. Kuid huvitav on, et Karjala ja Kalevala maailm puudutab mõnes mõttes isegi rohkem, see on see põhi. Laulud, lood, käsitöö. Ning mulle tunduvad karjalaste ja setude maailmad üsna sarnased. Miski seal puudutab mind nii, et ei saa sest üle ega ümber.

Kui tahan väga tabavalt ja spontaanselt midagi öelda, siis ütlen seda millegipärast murdes. See tundub täpsem ja sügavam. Ja ilusamat sõna kui eestikeelne "öö" on raske leida.

Eestlasele on kõige omasem ehk see, et ta ei näita oma väärtusi kohe välja. Praegu aetakse siin lähedal seda maausu asja. Püüdsid ka mingit struktuuri luua. Maarahva olemus minus ütles kohe, et see ei saa olla niimoodi. Eestlane võtab kõike pigem väga isiklikult, elulisclt. Neist asjust ei räägitudki muudmoodi kui elu käigus. Meie usus ei olnud hierarhiat. Kõige suuremad preestrid olid vanaemad ja vanaisad, kes viisid lapse õigel hetkel metsa kivi juurde. On kohad, millest avalikult ei räägita, kuid mis väga selgelt on laetud. Ma arvan, et selles peitubki eesti vägi ja ilmast arusaamine. Ning see ei ole afišeerimiseks. See on lugu.

Kuni on veel vanavanemaid, siis see lugu kestab. Tänu sellele on mingi paganlikkus meis veel säilinud. Avastavad need, kes on nõus vaatama, mida esivanemad näitavad.

Kui avatuna ringi käia, siis on siin helisid meeletult palju – ära ainult räägi. Sookured. Tedred on jube kihvtid, kui mängivad, siis kõik kõliseb. Nagu kuljuseid kõlistataks. Kägu kevadel kukkumas. Ronkade kraaksumine. Kuid nagu üks mu sõber ütles, tema ei õpigi linnulaule selgeks – oluline on, et kevadel alustaks terve linnukoor. Kui keegi on koorist puudu, siis ta saab kohe aru. Pigem on oluline tervik. Lumine aeg on siin ilus. Ja hämarus. Inimesed linnades on ammu unustanud eestlaste sellise vana tava nagu hämariku pidamine. Kui päike loojub, siis ei lülitata kohe lampe põlema. Ka pime aeg on oluline.

Raske on rääkida Eesti lootustest ja hirmudest. Praegu tegelen pigem iseendaga. Kuid loomulikult on mage, kui iseseisvus ära kaob. Ma ei teagi, kas seda peab kartma või ei pea? Vaimses mõttes on paljud selle juba kaotanud. Lohutab see, et kõrgkultuur – Pärdid ja Tüürid – ei kao õnneks kusagile.

Ning kui ma vaatan oma poja sõpru, siis tundub, et maailm on ikka veel päris terve. Magedam on neil, kes ei saa hariduse juurde. Nii kaob identiteet ja paljusid asju ei hooma. Massikultuur nüristab. Ma kardan, et need kohalikud noored ei tea Metsatöllistki miskit ja kuulavad pigem tümpsu. Uputavad end müra sisse. Oli üks ilus suveõhtu, lonkisin metsajärve äärde. Ja seal oli auto otsapidi peaaegu vette aetud, raadio üürgamas. Kuidas see võimalik on, et inimene tuleb metsa kala püüdma ja siis ümbritseb end talumatu müraga? See inimene kardab iseend ja vaikust. Põgenetakse mõttetusse rapsimisse.

I do not want to travel about, I feel good enough here. The local history that I see and hear goes straight into my soul. It is interesting, though, that the world of Karelia and the Kalevala touches even deeper chords, being more ancient. Songs, tales and crafts. Somehow I feel similarities in the worlds of the Setus and the Karelians, and both move me.
If I want to express myself as precisely as possible, I am inclined to use dialect.
And a more beautiful word than the Estonian *öö* (night) I have not discovered yet.

The most characteristic of an Estonian is perhaps not talking about one's values.
In this area they have become interested in resurrecting the ancient religion. They have tried to give it some structure. My rural roots told me at once that it was not natural. Estonians take things personally but also pragmatically. Our ancient religion had no hierarchy. The highest priests were grandmothers and grandfathers who took the children to the right boulder in the right grove at the right time. There are places not spoken about publicly that have the power. I think our strength and understanding lies just in this. This is a tale not to be advertised.

> The tale lives on when there are grandparents. Thanks to this something pagan is still alive in us. The discoveries are made by these who are ready to observe what our ancestors show us.

> If you are ready to open up, you will hear a lot of sound. Do not talk yourself! The cranes. The black grouse are wonderful when they are having their spring mating play, everything jingles around. The cuckoo calling in spring. Ravens croaking. One of my friends said that he would not like to learn what sound every single bird makes; he can enjoy their chorus more. And when one is missing from the choir he knows, as the whole is important to him.

It is beautiful here when the snow covers the ground. And twilight is good. In towns people have forgotten the old custom of observing the twilight falling. No lamps should be lit immediately when the sun sets, one should prepare for the darkness.

It is difficult to speak about our hopes and fears. I am more concerned about myself at the moment. Naturally it would be awful to lose our independence although I am not sure how much one has to fear losing it. Spiritually many people have already lost it anyhow. It is a comforting thought that the summits of the culture—the Pärts and the Tüürs—will not disappear anywhere.

> When I look at my son's friends, I am encouraged and feel reassured that the world is not too sick yet. These who are not educated are not so lucky, though. They lose their identity and they do not understand many things around them. The mass culture makes them dumb. I am afraid that the local youth do not know much about better music, they only listen to techno and drown in the noise. On a beautiful summer evening I was walking to a lake in the woods. And there they were—their car almost in the water, the radio blaring. How is it possible that people come to the lake to fish perhaps and then surround themselves with unbearable noise? This person must be very much afraid of something, himself and the silence, escaping into senseless throbbing.

>> Unfortunately it cannot be helped that the village boys use the first money they get for tuning their cars. It seems to be a period when people think they are making something of their lives when they are wealthy and can be proud of that. Let us hope the next generation would pay more attention to spiritual values and start thinking why they are here.

To some extent we live in an unfortunate area, we lost our intellectual elite and are still losing it. To find the old dignity is almost impossible. Sometimes there are some last signs of the greatness of Mulgimaa—more in old avenues and locations of old farms than in people, though.

On vist paratamatu, et külapoisid tuunivad oma
raha eest esimese asjana auto ära. Ju on praegu
see etapp, kus inimesed püüavad pigem järje
peale saada: jõukaks ja uhkeks. Ehk järgmine
põlvkond hakkab rohkem vaimu eest hoolt
kandma. Hakkab mõtlema, miks ta elab siin.
    Mõnes mõttes on see siin nagu õnnetu
ala, eliit on ju kõik ära viidud või ära
tõmmatud. Vana väärikust leida on väga
raske. Vahel näed küll ka viimaseid
märke mulgi suurusest. Harvem
inimestes, pigem meenutavad seda
võimsad alleed või talusüdamed.

    Eks ma püüa ikka seda külaasja aidata: kui ma siin juba
elan, siis on paratamatu, et ma ka kuulun siia. Tuleb ka
poe juures juttu rääkida. Need inimesed seal on väga
head ja ausad folkloori talletajad.
Ning ma tahaks koos külavanema ja Kopra
talu mehega siinse õigeusu kiriku uuesti üles
ehitada. Ehk nooremad tulevad siia tagasi,
kui midagi toimub. Kuid võib-olla vahetub
rahvas maal välja: nemad põgenevad siit
linna ja inimesed, kel linnast siiber, kolivad
maale.
    Kui kultuurimaja ja kirik hakkavad toimima, siis ootab
noori maal ees nagu mingi organism. Kõik ei ole vaid
lagunenud.

Kummaline on see, et ma ei olnud kunagi
varem Tuhalaanes käinud. Isegi Viljandis
elades kõlas sõna "Tuhalaane" kõrvus
kuidagi kummaliselt. Ja siin ma nüüd olen.
Sigitatud on mind umbes kuus kilomeetrit
siitsamast. Nagu ring hakkaks täis saama.

I am trying to do something for the village. Because I live here, I belong and have to participate. Even the people who spend their time gossiping at the village shop have a role—they keep folklore alive. I would like to help the village elder build up the local orthodox church. The young may come back when something takes place or, perhaps, the population simply changes—the people who have become heartsick from townlife will move to the countryside. When the church and community centre become active, something will be waiting for the youth.

It is strange that I had never been to Tuhalaane before. Even when I lived in Viljandi, the word sounded strange to my ears. And here I am now. I was conceived only abou six kilometres from here—the circle is closing.

Mark Soosaar,

filmimees, kes on kaameraga mööda ilma rännanud ja erinevaid pärimuskultuure uurinud. Tema tänaseks südameasjaks on rohelise Pärnu kaitsmine.

a man who has travelled all over the world with his camera studying indigenous cultures. His present good cause is protecting the greenery of Pärnu.

Mark Soosaar Pärnu uue kunsti muuseumi ees.
Mark Soosaar in front of the Pärnu Museum of Modern Art.

Tegelikult on Eesti ikka väga vaene maa. Monotoonse looduse ja olemisega. Kui oled maailma läbi sõitnud, siis paratamatult tekib pärast võimsaid mägesid, orgusid ja vihmametsi teadmine, et Eesti on üks üsna igav paik. Eks ta olegi kurb ka seepärast, et siin näed igal aastal vähemalt korra sündi ja surma. Depressiivsed sügised ja kevadised tärkamised. Samal ajal kui troopikas on lõputu Eedeni aed ja igavene suvi. Aga ikkagi tuled tagasi.

> Juhtus kord nii, et olime Peeter Ernitsaga sunnitud kahekesi jääma paariks ööpäevaks Šveitsi teadlase palmilehtedest onnikesse Amazonase vihmametsas. Kuid mingi hetk muutus see kõik väga õudseks ja hirmutavaks. Öösel onn kägises, tuul mängis uljalt palmioksteaga ja sealsamas lehtedes nägime ülimürgist korallmadu. Mina magasin igal juhul, pussnuga padja all. Siis ma mõtlesin, et saaks ometi koju! Mis siis, et seal on parasjagu niiske ja kole talv.

Üks lugu seoses Amazonasega veel. Indiaanlaste pealik läks päeva alustuseks metsa erinevaid taimi korjama, et need siis siduda ümber kaela, pea ja käsivarte. Mõne aja pärast hakkas ümber selle maalitud näoga pealiku uimastavat ning toniseerivat lõhna levima. Eeterlikud aurud lõid erilise, nõidusliku meeleolu. Koju tulles otsustasin korrata sama rituaali Eesti metsas. Leidsin siit ka päris huvitavaid taimi, mis küll kuivades ei hakanud lõhnama nagu Amazonase omad. Kuid usun, et nende jaoks, kes Eesti loodust tunnevad, on see sama huvitav ja maagiline kui vihmamets – kui sa kodumaal pimedana ringi käid, eks see siis tundubki kurb ja igav paik.

> Paljude teiste maailma rahvastega võrreldes on eesti inimene väga sissepoole pöördunud ja sünge. Ju on tema lahkust välja uhtnud kõik need võõrad, kes meist üle käinud. Nüüd võtab mitu põlvkonda rahuaega ja iseotsustamise võimalust, et saada taas normaalseks ning õnnelikuks.

> Meie suurim õnnetus on täna see, et elame üks päev korraga, ei julge ega oska teha pikemaajalisi plaane. Kõigesse on sisse kirjutatud teatav ebakindluse tunne. Kuid mis saab paarikümne või saja aasta pärast? Miks me ei ehita näiteks korralikku raudteed Euroopasse?

>> Ebakindel elu ja rasked ajad on õpetanud eestlasi üksi hakkama saama. Kuid siin on üks oluline miinus – suuri asju saab teha vaid üheskoos. Palju ressursse sumbub, sest me ei oska meeskonnamängu. Olgu jalgpall, poliitika või kultuur. Eestlane tuleb välja oma individualistliku arusaamaga ning võitleb pigem üksnes enda harukordse ego eest.

> Ja veel. Eesti inimesed on liiga merkantiilsed. Kui saagida kask või lükata buldooseriga vana maja maha, siis ei mõelda nende kaduvate asjade hingelisele väärtusele. Ei osata mõelda, et need võisid olla paljudele inimestele nähtamatuks ja oluliseks hingeseoseks. Arvestatakse hoopis, kui mitu nööpi saaks treida kasest ning kui palju võiks teenida vana puitmaja asemele ehitatavast korruselamust.

> Minu lemmiklõhnadeks on Eesti mere ja metsa lõhn. Punakaspruuni adru ja linnusita lõhn. Lõhnasegud, mis tekivad kõige erinevamates metsatüüpides. Kuigi minu kodumets Valgerannas on tohutult muutunud, on kummalisel kombel kõik vanad lõhnad alles. Need lõhnad toovad mu nägemusse pildid lapsepõlvest ... Sõidame koos isaga hobuvankril mööda metsasihti ja järsku näeme kahel pool puravikke, peame hobuse kinni ning korjame vankrikasti puravikke täis. Veidi edasi sõites näeme riisikaid. Korjame ka neid ning siis sõidab rautatud vankriratas mul üle labajala. Aga valu ei tunne, sest jala all on pehme sammal.
> Vaat see on minu Eesti.
> Pehme ja kodune.

Actually Estonia is a very poor country. One-dimensional in her nature and whole being. When you have seen the world, its impressively high mountains, its deep valleys and the rain forest, it makes you think that Estonia is rather dull. It is also sad, as you see birth and death at least once every year. We have depressing autumns but also re-awakening in spring.
In the tropical countries the eternal garden of Eden reigns. But you come back nevertheless.

Once it happened that Peeter Ernits and I were forced to stay for some days in a Swiss scientist's hut made of palm leaves in the Amazonian rain forest. Suddenly it all turned frightening and horrible. At night the hut made squeaking sounds when the wind played with the palm leaves. On top of it all we saw the virulently poisonous coral snake. I slept with my hunting knife under my pillow. I thought that I wanted to get back home even if it was the worst kind of wet winter there at that time.

Another story in connection with the Amazon:. The chieftain of the Sequoya people went to the forest to gather various herbs and plants at dawn. He put them around his head, neck and arms. After a while intoxicating aromas began to rise around his painted face and all these vapours created a bewitched mood. Having come home I decided to re-enact the experience with Estonian plants and I did find several interesting ones. They did not smell like the Amazonian herbs when they were drying, though. Still, I think that those who know Estonian nature well will find it as interesting as the Amazonian rain forest. The thing is that when you are blind to your homeland, you may really start thinking it a dull and sad place.

Compared to many other peoples of the world, Estonians are introverts, even gloomy. It is as if the milk of human kindness had been washed out of them by all the strangers who have invaded and occupied. Now it will take a few generations in peace and the opportunity to make one's own decisions to become normal and happy again.

Our biggest misfortune today is that we live just one day at a time and do not dare to make further plans. Everything still seems unsure, indefinite. What will happen in a few decades or a century? Why are we not building a proper railway to Europe yet, for example?
Difficult times and insecurity have taught Estonians to rely only on themselves. But, however good this is, it also has an essential drawback: big things can be accomplished only together. Quite a few resources are wasted because we are not team players, be it in football, politics or culture. Estonians present their individualism or even worse, take a stand only for their own precious ego ...

...

Furthermore. Estonians are too mercantilist. When they fell a birch tree or bulldoze an old house, they do not give much thought to the spiritual values of these old things. They do not think how many people might have found support and invisible strength in the disappearing phenomena. Generally they see how many buttons they can turn out of the wood of the birch or how much profit one could get if the old wooden house is replaced by a multistorey apartment block.

My favourite smells are the Estonian sea and the Estonian woods. The smell of the reddish-brown seaweed and bird droppings. The mixture of smells that are created in different types of forests. Although very much has changed in my first woods in Valgeranna, curiously enough the old smells are still there and remind me of my childhood: My father and I were driving through the forest on our horse-pulled cart and suddenly saw lots and lots of edible porcini mushrooms on both sides of the road. We stopped the horse and picked the cart full of mushrooms. A little further on we noticed milk mushrooms. We picked these as well and somehow the ironclad cart wheel happened to roll over my foot. But it did not hurt because my foot sank into the soft moss ... Well, this is my Estonia. Soft and home-like, snug.

Karl Gdislao Coizets

on hingelt
kalamees — Eestist
ära olles igatseb
kõige enam
varahommikust
latikapüüki mõnel
vaiksel järvel.

is a fisherman with all his heart and soul— when he is away from Estonia, most of all he misses his early mornings catching bream on some quiet lake.

Vladislav Koržets kodumetsas Männikul.
Vladislav Korzhets in his Männiku home forest.

Lapsepõlvemetsaks oli mul üks männitukk Vabaduse puiestee külje all. Seal käisin poisikesena seeni korjamas ja pohlavarsi vahtimas ja sammalt käega katsumas ja imestamas, kuidas küll kõik niisugusena kasvab. Männid tekitavad minus mõnusa tunde siiani. Põhjaranniku metsad on eriti uhked – kõrged puud ja hõberoheline sammal – just nagu jalutaks kauneimas pargis. Läbi puude tungib heledaid päikeselaike, õhk on küllastunud vaigust ja osoonist.

Ma sündisin Siberis, sinna kolisid maad ihates enam kui sajandi eest minu vanavanemad. Kui me ema ja isaga pool sajandit hiljem Eestisse naasime, olid siinsed juured katkenud. Ma ei saanud käia vanaema juures lehma silitamas – ehk just seetõttu olengi selleks, et jõuda osaduseni loodusega, avastanud endale kalastamise. Kalaseiklused algasid mul Keila jõel 60-ndate alguses. Tekkis hasart ja huvi. Kas või puruvanade korjamine söödaks – see on poisikesele ikka üks võrratu kogemus. Et mis elukad need küll oma oksaprahist või liivateradest loodud kodades elavad? Ah et ehmestiivalised! Kes need veel sellised on? Siis tuli vahele n-ö tormi ja tungi aeg, ka õpingud, naisevõtt ja lapsed, kuid umbes kolmekümneselt hakkasin koos sõpradega taas kalal käima ning avastasin selle naudingu uuesti.

Vett ma austan ja pelgan. Mul on olnud paar kogemust, kui pole olnud päris kindel, kas paadiga tagasi randa jõuangi. Siis olen tundnud tõelist aukartust endast vägevama ees. Kuid ometigi vesi mulle meeldib. Veemaailm ja vee-elustik on kauge ning salapärane. Vesi on inimesele palju kaugem kui mets: müstiline, ootamatu, ürgne. Kalade käitumist on instinktiivselt palju raskem tajuda kui imetajate oma. Minu sees on ürgseid hirme ja kartusi nagu enamikus inimestes – olen taibanud, et üks osa minust kardab loodust. Sest eks me ole loodusest ka üsna võõrandunud, mina linnapoisina eriti. Aga on üks ilus ütlemine, mida kuulsin kadunud Stanislav Davõdovilt, ajakirjanikult, maalikunstnikult ja kalamehelt: õngenöör on justkui meie nabanöör loodusega. Seega, et oma ürgsest hirmust kõige tundmatu ees võitu saada, kasutan ära ühe teise instinkti, hingepõhjalise asja: küti ja korilase tungi. Isegi mõrvamise tungi, võib öelda, ju olen veel niipalju loom.

Ma ei oska päris niisama looduses jalutada või õndsas vaikuses puutüve silitada. Püüan alati võtta mingi eesmärgi: koguda vitsu luua või korvi punumiseks. Või vaatan, kas pardid seal kuskil Pääsküla allikatel on alles. Kuid tee peal leian ma tihti midagi muud, ootamatut. Õnneks on eestlased tihedamas suhtes loodusega kui valdav osa läänelikust tsivilisatsioonist: meil on veel ürget metsa, jõesänge. Me ei oska seda küll alati hinnata.

Globaliseerumine ning kogu ühiskonna muutumine tootmis- ja tarbimismasinaks on jõuline ning tugev. Inimesed spetsialiseeruvad väga kitsale alale, muutuvad osaks üleüldisest masinavärgist, spetsiifilisteks mutriteks. Seejuures jääb suur hulk ürgseid instinkte inimeste endi loodud metamaailmas rahuldamata, jääb puudu osadusest esmasega, tekib pidetus, kurbus, tühjus, üksindus. Sest inimese hing vajab ehedaid, võltsimata tundmusi, eeskätt rõõmu!

Õnneks siiski on paljud meist ära tajunud, et seda rõõmu on võimalik ammutada kirjeldamatust osadusetundest loodusega. Mets võib olla küll kuri, aga kui ma piisavalt targalt käitun ja end kõrgiks ei pea, siis võib metsas päris hea olla. Siin on tegemist ka inimese sisemise religioossusega. Eesti inimene on laias laastus oma sõnades ateist, ei midagi tunnistav. Kuid osadust enesest kõrgemaga tajutakse ikkagi ja tihtipeale just looduse kaudu – need on üsna sõnastamatud asjad. Kalale sättimine võib olla nagu palve ja kalal olemine nagu meditatsioon. Loodus võib mõistuseülesel teel viia katarsiseni, õnnetundeni. Kuid kõik ei tule kohe ja korraga, see nõuab omaenese sisemist arenemist, avatust. Kõige õndsamad hetked ongi mulle need, kui vabanen oma mõtetest, lihtsalt vahin õngekorki ning lasen sõnastamatul rahul enesesse tulla. Kuid ka lihtlabane puulõhkumine võib hinge rõõmsaks teha!

A pine grove close to Vabaduse puiestee was my childhood forest. This was where I went to pick mushrooms and observe the lingonberry stems, to touch moss and wonder how everything grew just as they did. Pine trees still give me a fine feeling today. The forests on our northern coast are especially powerful—tall trees and silvery-green moss beneath them—the best possible park for walking in. Sunlight makes bright patches in between the trees, the air is saturated with resin and ozone.

I was born in Siberia, where my grandparents, seeking land of their own, had resettled more than a century before. When we returned to Estonia half a century later, the roots had been cut. I could not go to my granny to make an acquaintance with a cow and perhaps that is why, in order to feel communion with nature, I discovered fishing. I became an avid fisherman in the early 1960s at the river Keila. What an experience it was for a small boy to go looking for bait and caddis-flies. What kind of creature makes its home within a silk case decorated with sand and wood scraps? All the case-making *Trichoptera* do. And what are these? I went through a *sturm und drang* period, studies, marriage and kids—but at about thirty I began to go fishing with my friends in earnest and discovered the pleasure of it again.

As for the sea, I respect it and fear it. I have had a couple of experiences when I have not been sure if I can get my boat back to the shore. I felt real deference to the more powerful forces that seemed to be against me. Still, I like water. What lives in water is distant and mysterious. Water is not so close to man as forest, it is unexpected, mysterious and very ancient. To have an instinct about the behaviour of fish is much more complicated than to perceive it with mammals.

There are deep primeval fears and anxieties in me like in most people—I have apprehended that a part of me is afraid of nature. We have grown alienated from it. As a city boy, I certainly have. There is a nice saying that I heard from the late Stanislav Davydov, a journalist, a painter and a fisherman: the fishing-line is like our umbilical cord with nature. That is why, in order to defeat my primordial fears, I use another ancient instinct—that of the hunter-gatherer. Perhaps even the instinct of killing, this is how much an animal I still am.

I am not able just to walk or stroke a trunk of a tree in blessed silence. I must always have some purpose, be it only gathering twigs to make a basket or a broom. Or to make sure the ducks are still there on the Pääsküla springs. On my way to my destination, though, I often find something else, unexpected. I feel fortunate that Estonians have closer contacts with nature than the majority of western civilization; we still have primordial forests and riverbeds. Unfortunately we do not always appreciate it enough.

Globalization and turning the whole society into a machine for manufacturing and consuming are strong and forceful. People specialize in very narrow fields, become a part of the machinery, just a cog in the machine. And because many of their primeval instincts remain dissatisfied, they do not feel ties and contacts and become sad and lonely, adrift. Man's soul needs authentic feelings and, above all, joy.

Fortunately, quite many of us have already grasped that this joy can come from communion with nature. The woods may be dangerous but when I behave properly and am not supercilious or arrogant, I feel good there. This also depends on man's inherent spirituality. In their words Estonians are atheists, more often than not they admit they recognize nothing. Nevertheless, they feel communion with something higher in nature – these things are difficult to define in words. Setting out to go fishing may be like a prayer and being there, fishing, is meditation. Nature can bring you to catharsis, purify you and give you a feeling of happiness. Everything does not come simultaneously, its prerogative is one's own development, openness. My most blissful moments are when I get rid of my thoughts, gaze at the cork and let the unexplainable peace pour into me. However, chopping firewood may also make you experience joy!

Eesti maitse on muidugi räim. Geograafiline asukoht ja traditsioonid on tinginud selle, et meie rahvas on räime peal aastasadu kasvanud, seda leivakõrvaseks hauganud. Rahvuskalana ei kõla see võib-olla uhkelt, kuid tegelikult on räim väga maitsev: praetud ja marineeritud räimed on üks paremaid roogi! Mina olen oma kokanduslikes katsetustes püüdnud just uurida, kuidas eestlased on varem midagi valmistanud. Sest meie tänapäevane kokanduskultuur on õbluke, nagu üldse kultuur, kui aus olla. Korralikku praepanni tunneme alles paar sajandit. Enne seda keedeti, kuivatati ja aeti vardasse – kuid ka seal on väga kavalaid nippe. Ka kokanduses teeb meele murelikuks inimkonna tarbimismasinaks muutumine, totaalne urbaniseerumine. Õudselt mugav on ju Selverist aasta ringi saada valmisfileed, kuid see kaotab ära teadmise, kust meie toit tegelikult pärit on. Meil kaob ära hingeline side looma või kala saatusega. Anonüümset toitu süües, mille on kasvatanud ei-tea-kes ja ei-tea-kus, saame küll kõhu täis, aga ei taju loomas, linnus või kalas olnud Väge. Ürgrahvastel pole nüüdki söömine vaid kalorite ja süsivesikute saamine, vaid ka eluslooduse Väe omandamine. Tsiviliseeritud maailm seevastu täidab oma kõhtu peaaegu masinlikult, laeb vaid patareisid.

Me elame tegelikult väga õnnistatud kohas. Meil on neli aastaaega. Hea talv on mulle väga mokka mööda – kui korralikku talve pole olnud, siis sellest jäängi nagu puudust tundma. Olla piiritul jääväljal Peipsi peal, olla selle valguse sees – see on Eesti eksootika. Kalamehena meeldiks mulle muidugi suurem liigirikkus: meil on vaid umbes 70 kalaliiki maailma 25 000-st. Aga ikkagi ei tahaks ma Amazonase ääres elada. Meie loodus on kasin, kuid turvaline. Me peame õppima piskuga läbi saama, kuid oleme selle eest kaitstud hiidlainete ja maavärinate eest. Selles mõttes käime me nagu kuldset keskteed.

Kasvasin üksiklapsena, seetõttu tundsin väga puudust tugevast suguvõsast, mis üldiselt on eestlastele omane. Üks minu unistusi oli siis, et tulevikus ei elaks minu lapsed ja lapselapsed kuskil teises linna otsas. Ning see unistus on täitunud: on õnnestunud asjad sättida nii, et elame nagu üks kobarpere. Meie majas on kolm kööki ja kolm eraldi eluala, kuid saame iga kell üksteisega rääkida, jagada rõõme ja muresid, pannkookidest rääkimata.

Estonians prefer the taste of the fish called Baltic herring. The geographical position and traditions have made this fish one of the main bread supplements. It may not sound lofty enough to be the national fish but it is really tasty. try frying and then marinating them—mmm ...! In my own culinary experiments I have tried to follow the ways of the past. Our culinary culture of today is thin, like all our culture if we are honest admitting it. We have known a proper frying-pan only a couple of centuries, before that things were boiled, dried and grilled on the spit—not that I have anything to say against that. The consumerism in cooking makes one sorrowful as well. The total urbanization makes it convenient to get everything from a supermarket all the year round but the connection with our food is lost. We have no feeling for the fate of the animal or fish, we get our fill but we do not perceive the Power that was in this animal or fish. The aboriginals, the indigenous people do not even today eat only to get calories or carbohydrates but they gain Power. The civilized world, on the contrary, has made eating almost a mechanical process, akin to charging batteries.

Actually we live at a blessed place. We have four seasons. I like a proper winter, if we have not had it, I miss it very much. To be on the seemingly boundless ice field of Lake Peipsi, to be within this special kind of light—this is exotic in Estonia.

As a fisherman I would certainly like more species—we have but about 70 species of fish among the 25,000 worldwide. Still, I would not like to live on the Amazon. Our nature is sparse but safe. We have to learn to do with modest resources, and on the other hand we do not have to fear earthquakes or tsunamis. This is our golden mean.

I was an only child and I lacked the big extended family that is rather characteristic of Estonians. I dreamed then that my children and grandchildren would live close by, not at the other end of the town. This dream has come true, we live like a cluster family. There are three separate kitchens and living areas in our house but we can always talk to each other, share our troubles and joys, to say nothing of pancakes.

Üksiku koera hauk
Majakas lootusekiir
Paaditõrva lõhn
Tormis

Tõnis Mägi

Bark of a lonely dog
Lighthouse ray of hope
Smell of boat tar
In the storm

Tõnis Mägi

Peeter Jalakas restorani Aed hoovis Tallinna vanalinnas.
Peeter Jalakas in the yard of the restaurant *Aed* in Tallinn.

Peeter Jalakas,

ühe äkilise teatri juht
ja rohelise restorani
asutaja.

the leader
of an radical
theatre and
founder
of a green
restaurant.

Eesti inimene on pidevalt kahevahel. Kõigepealt iseloomustab meid teatav vastutuse ja julguse puudus – tunne, et alati on kusagil keegi, kes minu eest asju otsustab. Ning siis ühtäkki – kui see keegi teine on asja meie eest ära otsustanud – tohhoo-kurat, tulevad mind õpetama! Selline veider kahetisus. Võib-olla on see teatav alalhoiuinstinkt, tänu millele oleme osanud nõnda pisut salakavalalt teiste võimu all hakkama saada. Aga, et ise olla ja selg sirgu ajada, seda nagu eriti ei julgeta.

Kui üheksakümnendatel tõid järsud ühiskondlikud muutused kaasa selle, et keskpärasus taltus ja eriline-olemine muutus millekski iseenesestmõistetavaks, siis praegusel kümnendil on pigem popp olla keskmine. Tahan olla nagu teised. Ei oskagi nüüd öelda, kas see on meie põhiolemus või lihtsalt pendli liikumine ühest servast teise. Täna ei kohta eriti eestlast, kes püüaks hüpata üle iseenese varju, kõrgelennulisi ideid on lihtsalt väga raske ühiskondlikult aktsepteerida. Kuid ega laiutav keskpärasus mind liialt kurvasta kah – trotslikule vaimule annab see tegevust.

Kui täna otsida ühist narratiivi, mis võiks ka rahvuslikul tasandil huvipakkuv olla, siis oleks meil imelihtne ehitada oma kuvand puhtale loodusele. Meil on seda lihtsalt nii palju ja me asume selle sees nii hõredalt – rumal oleks seda mitte kasutada. *Made in Estonia* võiks tähendada automaatset seda, et toode on valmistatud keskkonnasõbralikult ja puhtalt. Samal ajal kui paljud teised riigid võivad vaid unistada sellisest kuvandist, on meil see kõik veel võimalik.

Kui rääkida visioonidest, siis loodan, et tavapärase ühiskondliku hierarhia kõrvale võiks tekkida ka midagi muud. Õnneks on inimesed õppinud jälle kirjutama – vaid suhtlustasand ja kõneviis on muutunud. Kui nüüd vaadata Internetti, mis ongi olemuselt horisontaalne, siis mingit hierarhiat on seal võimatu ette kujutada. Nii on võimalus linkide võrgustikus orienteerudes kujundada oma maailmapilti isikute ja nähtuse järgi, kes ei pruugi osaleda ühiskondlikus hierarhias. See tähendab, et ühiskondliku elu efektiivseks mõjutamiseks ei pea enam osalema ainult aparaadis! Kuid see on suurendanud ka üksikisiku vastutust järgida omaenda tõekspidamisi.

An Estonian is always undecided. Above all he might be characterized by a certain lack of courage and sense of responsibility. It always feels like there is always somebody who will decide things for me. But then, all of a sudden, when they have decided—they've got some nerve, telling me what to do. Quite a strange duality. It may be a sort of conservatism or cautiousness that has helped us to survive under foreign rule. But for everybody to be themselves, to cope on their own, that seems to be a little too daring.

The nineties with their social changes brought along a feeling that mediocrity would not do, that it was natural to be special. In the present decade, however, it seems to be in being just average, like everybody else. I am not able to decide whether this comes from our basic character or if it is simply the other end of the pendulum's swing. You would hardly encounter an Estonian today who would try to skip his own shadow, to overachieve, as it seems to be difficult to accept lofty ideas publicly. Actually, I am not too discouraged about the rank mediocrity—it feeds the wayward spirit.

Looking for a common narrative that might be interesting on the national level today, the easiest way out would be to build our identity on pure nature. We have quite a lot of it and we populate it sparsely, thus it would be stupid not to make good use of it. "Made in Estonia" could automatically mean that something is environment friendly and pure. At the time when many another country can but dream about such an opportunity, it is still possible for us.

Speaking about visions, I do hope that something else will appear next to the common social hierarchy. Fortunately, people have learned to write again although the manner of speaking and communication levels have changed. If we look at the Internet, which is horizontal anyhow, it would be difficult to imagine any hierarchy there. Thus, if only one is good at finding the necessary links, it is possible to form one's outlook based on people and phenomena outside the social hierarchy. And this means you do not have to be a part of the establishment to have an impact on social life. Mind, though, that this has increased the individual's responsibility to follow his own principles.

Rootsis sündinud kolmanda põlve väliseestlane, kes elab juba kolmandat aastat Eestis.

Liina Vüra

a third generation Estonian abroad, born in Sweden, who has been living in Estonia for three years.

Liina Viira Pärnu rannapromenaadil.
Liina Viira on Pärnu Beach Promenade.

Mul õnnestus Eestis käia mõned korrad juba lapsena. Kuid eelkõige oli see maa, mis elas minu vanemate ja vanavanemate juttudes. Küpsedes tundsin, et ma ei taha elada teiste juttudest, mul on vaja oma Eesti-kogemust. Nii ma otsustasin astuda Tartu ülikooli, esialgsete plaanide kohaselt tahtsin jääda aastaks. Ühest on nüüd saanud kolm.

Mul on tunne, et mina elan praegu läbi unistust, mis oli mu vanematel ja vanavanematel. Nad ehk on isegi veidi kadedad, et minul õnnestus tulla vabasse Eestisse ja see teoks teha.

Minu vanaema armastas väga tikkida eesti mustreid igale poole, kasutada rahvuslikke elemente pisut ebatavalisel moel kas või teksajope peal. Vanaema on nüüd surnud, aga olen otsustanud seda mõtet edasi kanda. Olen Rootsis õppinud moedisaini ja saan õpitut siin miksida eesti rahvuslike mustritega, mida ma armastan. Võib-olla see ei meeldigi kõigile eesti memmedele, kuid pean oluliseks, et rahvuslikud mustrid elaks edasi ja areneks. Rahvuslikkus ei ole mingi püha lehm, mida ei tohi ju puutuda. Juba selline kasutamine näitab, et need mustrid on veel elus, näiteks Rootsis on rahvariided suremas ja oskus midagi oma kätega luua on kadumas.

Ülikoolis õppides panin tähele, kui segaduses on noor Eesti inimene. Kui Rootsis vaadatakse pärast keskkooli mõnd aega elus ringi – käiakse ilmas rändamas või tööl – siis tundub, et siinne edu-kultus sunnib otse ülikooli astuma. Kohtusin paljude õpilastega, kel oli stress, sest nad tegid midagi vaid seepärast, et vanemate ootusi rahuldada. Pärast viit aastat sunnitud kooliskäimist avastatakse end elukutsega, mida tegelikult ei armastata. Seepärast on mul hea meel, kui Eesti noored rändavad ja võtavad veidi vabamalt. Ärge ainult tulge rääkima, et unistuste teostamata jätmine on raha küsimus!

Tundub, et Eesti inimesed hindavad endiselt traditsioonilisi väärtusi, osatakse olla heas suhtes loodusega ja perekonnaga. Suurlinna tüdrukuna oli mul alguses üllatav vaadata, kuidas kõik hakkavad ühtäkki seenele või marjule kibelema. Iga asja vastu leitakse ka ravimid metsast. Ja muidugi viin iga tõve puhul! Viinasokid – no see kõlas küll ootamatult.

Rootslastega võrreldes on eestlased palju uhkemad oma rahvuse üle. Kuid ma ei arva, et eestlus on asi, mis on lihtsalt kuskil olemas. Seda peab arendama. Eks ma alguses olin solvunud veidi, kui mulle öeldi, et sul ju Rootsi aktsent küljes. Kuid nüüd olen leppinud oma segase taustaga ja eestlased tegelikult võtavad mind väga hästi omaks. Ma olen alati olnud selline veidi imelik – Rootsi-sõbrad teadsid, et olen eestlane. Minu nelja i-ga nimi reetis ka imelikku päritolu. Ja nüüd olen oma Eesti-sõprade jaoks üks imelik Rootsi aktsendiga tüdruk. Kui Eestisse tulin, rääkisin veel sellise vanaaegse sõnavaraga, mis oli vanaema ja vanemate kaudu jõudnud minuni. Kui ma vandusin "Issanda au vägi!" – polnud mul aimugi, kui veidralt see siin kodu-Eestis kõlada võiks.

Eestisse tulime alati Georg Otsaga, Soome kaudu. Ma mäletan hirmu piiril. Sõjaväelasi ja ema ranget häält: "Liina, ole nüüd korralik!" Siis sain aru küll, et midagi on tõsiselt viltu.

Kõige tugevam mälupilt Eestist on mul aastast 85, kui käisime Pärnu rannahoone juures seene all. Millegipärast ei tohtinud vette minna. Ma ei saanud aru, miks see ilus vesi siin on ja seda puutuda ei tohi. Kui ma kaheksa aastat hiljem jalutasin ranna poole, tundsin, et midagi väga tuttavat on tulekul … Väga eriline tunne oli sees. Kuni nägin seda seent ja tekkis äratundmine.

Mul on meeles suur oranž kaljavaat Pärnu postimaja ees, kust kõik jõid ühest ja samast klaasist. See tundus Rootsist tulles täiesti hullumeelne!

I was able to visit Estonia for a few times already when I was a child. But above all it was a country that lived in the stories of my parents and grandparents. While growing up I felt I did not want to live in other people's stories, I needed my own experience. So I decided to study at Tartu University, planning to stay for a year. By now this one year has become three.

I have a feeling that I am experiencing the dream that my parents and grandparents had. They may even be a little jealous that I could come to free Estonia and realize their dream.

My grandma loved to embroider Estonian ornaments and use these patterns in an unusual way— on a denim coat, for example. My granny is dead but I have decided to keep this idea alive. I have studied fashion design in Sweden and can integrate what I learned there with the Estonian national ornament that I love. All Estonian grannies may not like this idea but I believe that their ornaments and patterns should survive and develop. Nationality is not a sacred cow, something untouchable. When I use them, I prove that these ornaments, these patterns are alive. In Sweden, for example, the national folk costumes are fading away, and the skills to make something with one's own hands are disappearing.

While at the university I noticed how mixed up the Estonian youth is. In Sweden young people give themselves time to look around a while after finishing secondary school. They work or travel but here the success-orientation makes them continue their studies at the university at once. I met several young people who were depressed because they were doing something their parents expected them to do. Having forced themselves to study for five years they discover they have obtained a profession they actually do not even like. That is why I am glad when I see that today some young Estonians have found a more relaxed attitude, give themselves time and travel. Nobody should say, however, that it depends on money whether one can realize one's dreams or not.

It seems that the Estonian people still appreciate traditional values and good relationships within family and with nature. As I had grown up in a big city it was at first really strange to me to see how suddenly everybody was eager to go mushrooming or picking berries. The woods even provide some people with medicines. And then, of course, spirits or vodka, that is supposed to cure what ails you. Vodka-socks—what an unexpected idea indeed!

Compared to Swedes, Estonians are much more proud of their nation. I do not think, though, that being Estonian is a thing *per se*. It is something to be developed. I was a little offended at first when I was told I spoke with a Swedish accent. Now I have put up with my mixed-up background and actually Estonians have accepted me pretty well. I have always been a little strange everywhere. My Swedish friends knew I was an Estonian—my name with four i's betrayed my strange origin. And now my Estonian friends see me as a strange girl with a Swedish accent. When I came to Estonia I used the rather old-fashioned Estonian that I had got from my granny and parents. When I wanted to use a strong curse word, I said something that might translate as "Lord of hosts!"—hopelessly old-fashioned-sounding.

Usun, et minu lapsed hakkavad käima Eesti koolis ja rääkima eesti keeles. Vanem vend elab Dubais ning isegi tema õpetab oma lastele eesti keelt.

Minu unistuste kodu on Pärnus, ema vanaisa isa ehitatud majas (paradoksaalsel kombel oli see mees omakorda rootslane, laevakapten!). Müüsin suvel ära korteri Stockholmis – sellega on nüüd nabanöör Rootsiga ka läbi lõigatud. Pärnu-majaga seob mind emotsioon, mida ma Rootsis eales ei tundnud. Kui nüüd ma vaatan Pärnu jõge mööda voolamas, tunnen, et see on lihtsalt nii õige. See on kodu, see on minu oma, minu paik maailmas.

We always came to Estonia via Finland on the *Georg Ots* ferry. I remember the feeling of fear on the border. The military men standing there and mother's strict admonition—"Liina, behave!"—I understood that something was totally out of order.

My most vivid memory dates back to 1985 when we went to see the big "mushroom" at the Pärnu Beach Hotel. I do not know why it was not allowed to go into the water. I did not understand why the beautiful water was there when it could not be touched. When I walked towards the beach eight years later I felt something familiar coming soon ... I had a really special feeling. Until I saw the "mushroom" and recognition followed.

I also remember a big orange container with *kali* (a fermented, kvass-like beverage) in front of the Pärnu Post Office, where everybody drank from the same glass. It seemed totally insane to somebody from Sweden!

I believe that my children will go to an Estonian school and speak in the Estonian language. My elder brother lives in Dubai and even he teaches his children Estonian.

The home of my dreams is in Pärnu, in the house my mother's grandfather built (paradoxically this man was a Swede, the captain of a ship). Last summer I sold my apartment in Stockholm, cutting the umbilical cord with Sweden. The house in Pärnu makes me feel like I never felt in Sweden. Looking at the river Pärnu flowing by I feel it is so right. This is home, this is mine, my place in the world.

Madis Veskimägi oma kodu hoovis Tõstamaal.
Madis Veskimägi outside his home in Tõstamaa.

Olladis Veskimägi

otsustas 12 aasta eest, pärast Tartu ülikooli arstiteaduskonna lõpetamist, teha radikaalse kannapöörde elus ja minna perearstiks Tõstamaale. Seal elab ta täna koos naise ja nelja lapsega.

decided to make a radical change in his life twelve years ago, as a fresh graduate of the medical school of Tartu University. He took a job as general practitioner in the small town of Tõstamaa, where he has been living ever since with his wife and four children.

Olen sündinud ja kasvanud Pelgulinnas. Seal hulkudes sain tuttavaks paljude vanemate inimestega. Sattusin ka nende kodudesse, kus olid kõrged-kitsad kraanikausid ja lambid, mis läksid nöörist tõmmates põlema. Kuulsin lugusid sõjast ja isa napisõnalisi jutukatkeid tema vennast, kelle sünniaasta määras ta "valele poolele". Siidkattega karbikeses kummutisahtli nurgas olid mõned mündid, ühel pool Tartu ülikool ja number "2" ning teisel pool kolm kõhna lõvi. Selliste pisiasjade kaudu jõudis minuni ka Eesti Vabariigi hõngu. Mõistsin, et see, mis on, ei ole see, mis peaks olema.

Kahtlustunnet süvendas ka olukord, et pere Noarootsi suvekodusse minekuks pidi meil olema luba. Mõni kohalik pidi meid külla kutsuma. Samal ajal põnevad ja hirmutavad olid taevas madallennul jõudu demonstreerivad lennukid – väiksele poisile oli see kõik küll ka põnev, kuid midagi tundus väga valesti olevat. Võib-olla on tekkinud lugupidamine ja hingelähedus rannarahvaga sellest eluperioodist. Igapäevane abiks olemine kalameestele forellikasvanduses ja võimalus olla paaditüüril mõnekilomeetrisel meresõidul kalapoegi toitma. Ka see toimus just piirivalvetorni vaateväljas. Kui veidi suuremana ehitasin parvvesijalgratta, ei jäänud see piiripoistele märkamata. Pagunitega mees tuli õuele asja uurima. *"Eto krovat!"* oli minu selgitus küsimusele *"Što eto?"*.

Olen nüüd 12 aastat elanud Tõstamaal. Mõnikord kiputakse arvama, et maal elavad inimesed on nagu teisejärgulised ja vangutatakse kaasatundvalt pead. Kuid mina seda ei tunne, pigem vastupidi. Ise nimetan seda regionaalšovinismiks. Kuigi avalik arvamus kipub olema linnakeskne, tundub, et enamik inimesi, kes on sunnitud veetma kogu elu linnasüdames, igatseks pigem elada hoopis rahulikumas kohas. Eks nende linnaümbruse põllukülade kerkimine ole selle näitaja ja uusi inimesi Tallinnast, Tartust või Pärnust on tulnud elama ka Tõstamaale.

Eesti inimene on kannatlik, teinekord liigagi.
Paljukannatanud ja paljukannatav.

Eesti inimene on teinekord muretsev inimene. Kiputakse muretsema nii selle pärast, mis olnud, kui ka kardetakse seda, mis võib tulla. Meid pureb ka kahtlus, umbusk ja jonn – mina pean ka iga hinna eest saama ja tore on, kui parema-suurema kui on naabril. Sellised iseloomujooned ei tule teinekord tervisele kasuks. Tasakaalukust ja leplikkust – oskust lasta mitte nii puudutavad probleemid mööda – seda võiks olla rohkem.

Ja muidugi on eesti meeste probleemiks alkohol. Kui temperamentsemad rahvad saavad kokku ja oskavad mured hinge pealt välja rääkida, siis eestlane ei oska sisemist pinget maandada. Eesti mees upub oskamatusse rääkida, upub oma kinnisusesse. Ärevust ja pinget maandab ta pigem ohtra joomise, naistevahetuse ja ületöötamisega. Kolmandik kuni pooled Eesti peredest on üsna haiged ja juhtiv osa on siin süveneval alkoholiprobleemil. Meie eluiga on Euroopa madalamaid ja enesetappude tase kõrgemaid. See teeb muret.

Elu on oluliselt muutunud. Selleks, et saada elementaarselt kõht täis, piisab paarist-kolmest päevast tööst kuus. Ülejäänud aeg ongi valikute küsimus. Kas tõmmata end töötegemisega ribadeks ja ajada taga sära? Ei küsita endalt, kas seda kõike on ikka vaja, rabamise kõrval unustatakse elamine. Heas mõttes elu nautimine, elu kulu jälgimine, süvenemine maailma asjadesse. Töörabamisse võivad kaduda nii lähedased inimesed kui ka tervis. Minu jaoks ongi kõige ilusam ja olulisem eestikeelne sõna "Tervist!".

Osalesin 1988. ja 1989. aastal jalgrattamatkadel Virumaale. Oli fosforiidisõda, mille varjus said ka paljud muud olulised liikumised alguse. Sõit koos sadade jalgratturitega ja ühislaulmine Rakvere vallimäel – need on väga erilised hetked. Kurb, et tänases argises Eestis, kus kõik oleks nagu olemas, kipuvad selleaegsed ideaalid ununema.

I was born and grew up in Pelgulinn*. Roaming around there I got to know several older people and was invited to their homes where the sinks were high and narrow and you pulled a string to switch on the lamp. I heard stories of the war and some sparse remarks about my father's brother who was born in a year that decided his destiny to be "on the wrong side". At home in the chest of drawers, in a box with a silken cover were some coins, the numeral 2 and Tartu University building on the obverse and three slender lions on the reverse. Such little things made me grasp something about the Republic of Estonia and I understood that what we had was not what we should have.

It only added fuel to the fire when we had to get a permit before we could go to our summer home in Noarootsi. Some local villager had to send us an invitation and only then we could apply for the permit. Although the military jets flying low overhead were exciting for a little boy, the feeling that something was wrong still persisted. My feelings of closeness to and respect for the coastal people were obviously born there and then. I had a chance to help the local fishermen on their trout farm and they allowed me to skipper their boat on a few-kilometre trip to feed the baby fish, too. But we knew we were being observed from the Soviet border guard tower. When I was a bit bigger I was constructing a water bicycle for myself. The border guard noticed even that and a man with epaulets came to our yard to find out what it was. My answer to the question *Shto eto?* (what is that?) was a clear *Eto krovat* (it's a bed).

I have been living in Tõstamaa for 12 years now. Sometimes somebody shakes his head in sympathy hearing that as if thinking that in the village the people are different or even somehow not quite that. I do not feel it, sometimes I feel just the opposite and call it my personal "regional chauvinism". Although the public opinion seems to tend to be town-centered I think that most people would like to live somewhere more peaceful than the centre of the town. To prove my point—only look at these new settlements out of towns in the fields! Some people have come to Tõstamaa from Tallinn, Tartu and Pärnu as well.

Estonians are patient people, sometimes too patient. They have suffered a lot and they have endured a lot.

Estonians are sometimes worriers. They worry about what has been and fear what might happen. We are never free of doubts, disbelief and obstinacy. We are eager to keep up with the Joneses, or even be better than they are. All these are characteristic features that do not favour good health. We should have more balance and more tolerance. We need to be able to let some problems go.

And problem number one for Estonian men is alcohol. Nationalities with a more passionate temperament air their problems and stress amidst other people, but an Estonian man is not able to do it. He drowns in his inability to talk, he drowns in his introversion. Stress and anxiety are drowned in drinking, philandering and overworking. A third, perhaps even nearly a half of Estonian families are rather dysfunctional and the main reason for that is alcohol. Our life expectancy is one of the lowest in Europe and the suicide rate one of the highest. This is really worrying.

Life has changed a lot. In order not to be hungry, one has to work but a few days a month. The rest lies in choices. Overachieving and racing after glitter one forgets to ask whether it is necessary at all, one forgets to live, to enjoy the real life, to look and think about the world around. One may lose one's health and loved ones while overworking. For me the Estonian word *tervist!* (good health!) is the best and most essential word.

* Pelgulinn, once a suburb of Tallinn,
now almost a part of the centre.
(Translator)

Olen üsna palju reisinud ning mõistnud, et reisimise ülim mõte ongi teadasaamine: kodus on kõige parem. Neid fakte ja pilte saaks ka palju lihtsamalt omandada, ilma end füüsiliselt kohale vedamata. Aga see tunne, et tagasi tulla – see on kõige parem. Ega kedagi siin muidugi vägisi saa kinni hoida. Kuid käige ära ja tulge tagasi. Sest siin on hea olla.

In 1988 and 1989 I participated in cycling tours in Virumaa. These were the years of the so-called phosphorite war that enabled to launch several other movements. Touring with hundreds of others, singing all together on the Rakvere Castle Hill—these were really special moments. It is sad that today when we have almost everything we can think of the ideals of these years are disappearing.

I have travelled quite a lot and discovered that the main idea in travelling for me is the feeling that "east or west, home is best". The information and scenery could be obtained without one's physical presence. But the feeling one gets when returning home—this is unique and the best ever. We cannot keep anybody here by force. Go, but come back! It is so good to be here!

Kaduneljapäevaõhtul

Keeran teleka vaikseks
et see ei segaks lapse und
Kallan teed
nõgesed ja mustikavarred
Joon
aeglaselt
vulkaanipraguliste huultega
Inimesed
sellel maakerakõrvitsal
meie elu
on ainult välgusähvatus
nii lühike
et tapab

Aga ikka on veel natuke aega
punuda õunaseemneid
ja pihlakaid
patsidesse
tõsta teeklaas meie maaletooja
selle suure kõrvitsakasvataja
auks

Meie
inimesed
üsna mõttetud tegelased
süldisööjad
ja superstaarivahtijad
Jah
aga mida siis kartuli kõrvale võtta
mida siis vaadata
sellel kaduneljapäevaõhtul

Midagi undab
midagi kogu aeg undab
külmkapp arvuti
mõni mõte
ja laul
kummitab
ween a mään laavs a vuumen
hi gotta nõõu her diip insaaid
and ween ju faaind joorself laaing heelpliss
in her aaaaarms…
Ja see aaaaarms
kõlab nagu arm

Hetkeks
midagi tuttavat
midagi oma
selles kaduneljapäevas
selles riigis
kus üldiselt armastusest
ei räägita

Pragunenud vulkaanihuultega
rüüpan teed oma aia
nõgestest
aia
millele kiirtee
üha läheneb

Kuhu me läheme
Otsin Tallinna linnas viimast kasepuud
Müün maha auto
selle meie rahva massimõrtsuka
ja hakkangi hobusega käima
Kibadi-kobadi
üksildastel öötundidel
kadukuu tõrvikuna nelja päeva kohal
mis meie linnasid
teineteisest
lahutab

Üksildastel öötundidel
pihlakamarjad ja
õunaseemned patsides
üks paljudest tuuletallajatest
üks miljardist üksikemast
üks
ainult üks imeväike osa
võimalikust endast

Maadligi
leivakott ihuligi
külmkapp igijääs

Kelle kartulikõrvased me
ikkagi oleme
Kui kaua sa soojendad
kõrvitsaseemneid pihus
Kevad on käes
pane need juba mulda

Kristiina Ehin

On the last Thursday evening of a waning moon

I turn the tv down
so it won't disturb the child's sleep
Pour tea
nettles and bilberry stems
I drink
slowly
through volcano-cracked lips
People
on this pumpkin of a planet
our life
is only a flash of lightning
so short
that it kills

But there's still a little time
to weave appleseeds
and rowan
into plaits
raise a teaglass
in honour
of our trader
that great grower of pumpkins

We
people
utterly pointless characters
meat-in-aspic eaters
and superstar watchers
Yes
but what are we to have with the potatoes then
what are we to watch
on this sad last Thursday evening
of a waning moon

Something is humming
something is humming all the time
fridge computer
some thought
and a song
is haunting me
    when a man loves a woman
      he gotta know her deep inside
        and when you find yourself lying helpless
          in her aaaaarms...
and that aaaaarms
sounds like
the Estonian word for
love and charity

but also for a scar
Just for a moment
something familiar
something of my own
on this last Thursday
of the waning moon
in this nation
where love is commonly
not spoken about

Through cracked volcano-lips
I sip tea made from my garden's
nettles
from the garden
the main road
is coming ever closer to

Where are we going
I'm looking for the last birch tree in Tallinn city
I'm going to sell my car
that mass-murderer of our people
and start going on horseback
Clippety-cloppety
in the lonely night hours
the waning moon as a torch over the four days
that separate
our towns
from each other

In the lonely night hours
rowan berries and
appleseeds in my plaits
one of many with their heads in the clouds
one of a billion single mothers
one
only one wondrously small part
of my possible self

Close to the ground
bread bag close to the body
fridge in perpetual ice

Who after all will have us
with the potatoes
How long will you warm
the pumpkin seeds in your hand
Spring is at hand
just put them into soil now

                              Kristiina Ehin

Elo Liiv

skulptor ja nelja lapse ema. Elab Saaremaal Triigi külas Männisalu talus.

sculptor and mother of four. Lives on Männisalu farm, Triigi village, Saaremaa.

Elo Liiv Männisalu talus Leisis Saaremaal.
Elo Liiv on Männisalu farm, Leisi, Saaremaa.

Tõenäoliselt on see nii nagu lapsepõlvemälestustega emast ja isast – kui hakkad meenutama, siis on meeles vaid tunne, kuid mitte kunagi nende näod. On tunne, kuidas olla nende lähedal, kuid mitte midagi konkreetset. Nii on ka kodumaaga – on meeles tunne, mis hilisemas elus kasvas välja teadmiseks, et see on Eesti.

Olen siia sündinud, siin kasvanud, siin lapsed sünnitanud, teisiti ei saagi olla – see on minu kodu. Kodu on sama vajalik ja oluline kui õhk – selle olulisust märkame siis, kui seda ei ole.

Olen linnas sündinud, kuid linnast pole saanud mulle kodu, see on pigem nagu kasvuhoone või tööpõld, kus ollakse mingid hetked elust. Linnas on maa majade ja asfaldi all, ta ei saa hingata. Kuid loodust ei saa kuskil lihtsalt olematuks teha – seda näitavad kas või lagunevad teed ja pragunevad vundamendimüürid. Olen mõelnud, et nõnda ongi tore – loodus võidab tehiskeskkonna alati. Oled sa linnast või maalt, senikaua kui inimene koosneb looduslikest ainetest, oleme sõltuvad kuust, päikesest, maast ja sellel kasvavast toidust, me ei saa seda eirata, kui tahame kestma jääda.

Maal saab maa olla rohkem nii, nagu ta ise tahab. Pühakohad looduses loovad tsoone, kus maad ja selle peal kasvavat austatakse niivõrd, et seda ei kujundata inimkäega ümber. Arvan, et selliseid kohti on hoitud inimkonna ajaloo algusaegadest peale ning just seal saavad esivanemate ja looduse hinged elada ning rahus olla. Eestlase jaoks on kogu loodus hingestatud – selleks, et elada, kasutame kõike, ja kui sureme, siis kasutatakse meid. Elu on juba selline. Kuid ka kohtades, mida inimene kasutab ja harib, on võimalik teha koostööd loodusega – niikaua kui sellega arvestada, läheb sinu majapidamisel ka hästi. Arvan, et meie rahvas on just nii tugev, kui palju ta suudab loodusega arvestada.

Ma pole vist kunagi Eesti maa pärast häbi tundnud. Tavaliselt ka eesti inimeste pärast mitte. Küllap olen vaadanud eestlasi läbi sõrmede, läbi teatud stereotüübi, ideaalide. Küllap olen veel piisavalt noor, et mitte olla pettunud. Kuid mida aeg edasi, seda enam näen, et nii nagu iga teise rahva seas, nii meilgi on põhjust tunda ka häbi ja piinlikkust. Minu "Eesti valu" on seotud peamiselt sellega, mis eestlane või väljastpoolt tulnud inimene meie maaga või piirkonna ja inimese vahelise pärimusliku suhtega teeb. Seda võib ka üleilmseks mureks nimetada. See on kestmajäämise mure. Seotud ahnuse ja üle oma võimete elamise stiiliga, pealiskaudsusega, lollusega.

Minu meelest on nadi eesti keeles tundeid väljendada, kiitus ja palve ei kõla. Võib-olla on isegi tunne, et kõik läheb just vastupidi või ebasoovitavas suunas. Eks see ole nii sellepärast, et meie rahval pole olnud kombeks kiita, kiidelda, alandlikult paluda.

Asjade kohta öeldakse või asjadest lauldakse ümber nurga, et keelega mitte rikkuda endale oluliste asjade seisu. Aga kui vaja, siis lajatatakse otse – ja hoidku alt, kes selle ütlemise ära on teeninud! Eesti keeles on kõige parem niisama targutada, selleks puhuks on kõik sõnad meil olemas.

It must be like with your childhood memories about mother and father—when you start remembering, you remember the feeling but not their faces. You know how it was to be close to them but there is nothing concrete in this feeling. This is the same about your homeland—you remember the feeling that in your later life became the idea of Estonia.

> I was born here, grew up here, given birth to my babies here and so there is no other way—this is my home. It is as necessary as air, as essential as air and we notice its importance when we do not have it.

In my opinion the town cannot be a home, it is a greenhouse or a field to work in, where you have to spend some of your time. The soil in towns is under asphalt or buildings and it cannot breathe. Still, you cannot erase nature in towns either—you can find a proof in the cracking foundations and crumbling roads. I have found it appropriate and fine. It only seems such a waste—the town could be more for the people, more nature-centred, not only for cars.

> There are trees in town you can lean on when you are waiting for your trolleybus. There are spots that reply when you talk to them.
> As long as man consists of natural substances we will depend on the moon, the sun, the soil and the food that grows in it.

In the countryside, the land can be more the way it wants to be. Sacred places in nature create zones, where the soil and what grows there are not artificially changed as they are respected like they are. I believe that these spots have been held dear from the beginning of mankind and these are places where the spirits of nature and ancestors can be in peace. For an Estonian the whole nature is animate—in order to live we use everything and when we die we will be used. This is life.

> Still, it is also possible to co-operate with nature in places that man uses and cultivates. If you take this into consideration, you will be successful in your household. I believe that our people's strength depends on our ability to take nature into consideration.

I have never been ashamed of Estonia. Not even of its people usually—everybody is responsible for their own deeds. But I feel embarrassed, ashamed and pained when people harm nature or their cultural heritage, which is connected to it. Estonian pain is just what is being done to the soil, the earth itself by another Estonian or some stranger from another country. This is the pain of survival.

> I find it complicated to express feelings in the Estonian language, praise and prayers do not sound good. There may even be a sense of foreboding, an apprehension of coming evil or the prayers may have the opposite result. Our people have not been good at empty praise, boasting or humble prayer, that is why.

We talk and sing about important things, so to say, round the corner, in order not to spoil the situation with words. Still, when somebody has deserved it—lo and behold!—they are given it forthright and point-blank. We have lots of words for just talking and twittering, no danger in that.

> History has devastated the country, its people have been tossed around and far from their home, shuffled like a deck of playing cards. The future of Estonia lies in its native people, people who have lived in a certain place for more than a generation. The aboriginals, not Estonians generally but men and women from Setumaa, from Võrumaa, from Harjumaa or Mulgimaa, islanders from Saaremaa or Muhumaa or town dwellers whose families have been there for several generations. These people are the hope and guarantee for our future. Only the natives can stand for their home. The natives know the language that the spirits of the place understand.
> > As long as we feel that life is better elsewhere than at home, think that the ideas of foreigners are better than ours, we are on the path that leads to self-destruction.

Ajalugu on meie maad räsinud, inimesi on pillutatud kodudest eemale ja segatud kui kaarte pakis. Eesti tulevik on põliselanikes – inimestes, kes mingis maanurgas on elanud rohkem kui põlve. Põliselanik, mitte kui eestlane üldiselt, vaid põliselanik kui võrokene, seto, mulk, harjukas, saarlane, muhulane (suurteski linnades on inimesi, kes elanud seal põlvkondi järjest). Nendesse tuleb panustada. Ainult põliselanik, kohalikku elu tundev inimene oskab teha otsuseid, mis sellele kohale õiged. Ainult põliselanik seisab ihu ja hingega oma kodukoha eest. Tema oskab keelt, mida mõistavad ka selle koha hinged.

Niikaua kui meile tundub, et igal pool mujal on parem elu kui oma kodus, et väljastpoolt tulnute mõtted on alati õigemad meie endi omadest, niikaua on meie rahvas ennast hävitaval teel.

Läbi ajaloo on meie rahvale kasuks tulnud aeglane reageerimine uuendustele. Seadused on pidevalt muutunud, sest elame nii strateegilisel maalapil ja meie maad on ihanud endale mitmed vallutajad. Enne kui jõuad ühega kaasa minna, tuleb juba teine, mis eelneva kehtetuks muudab. Nii oleme omasoodu omi asju ajanud ja nii peaksime ka edaspidi ajama.

Mul on tunne, et mu kuklas hingavad esivanemad. Mõtlen tihti sellele, kuidas ehk nemad käituksid ... Võib-olla on see illusioon, võib-olla mitte, kuid katsun lähtuda oma valikutes sellest, kuidas neid ja nende kunagist maailma paremini tundma õppida, et seda oma lastele edasi anda. Minevikku tulevikuga siduda. Olevikus.

Slow reaction to innovations has been good to us through centuries. Our laws have often changed because we live in a strategically important place that many conquerors have wanted to seize. Just as you are getting used to one, comes the next and cancels everything that was before. So we have had to try to do our own thing and this is what we should try to do in the future.

I feel my ancestors' breath on my neck. It makes me think what they would do, how they would behave … It might be but an illusion but I try to calculate my options from the point of learning to know them and their world better, and teach my own children to do the same.

koorijuht ja
kultuuriminister

conductor
and Minister
of Culture

Laine Jänes lauluväljakul.
Laine Jänes at the Song Festival Grounds.

Kui ma eestlusele mõtlen, siis tundub mulle vahel, et mu moskvalannast ema
on rohkem eestlane kui mõni siin sündinud Eesti juurtega inimene. Esiteks
õppis ta erakordselt kiiresti eesti keele ära, et minust, kes ma ju vaid eesti keelt
rääkisin, aru saada. Ta oleks võinud mind ju ka vene lasteaeda panna, kuid
juba sõimest alates olin alati eestlaste keskel. Ta hindab väga eesti kultuuri
ja loojaid. Kui ema jälgib Eesti elu maailmapoliitilisel areenil, siis on ta
tulihingeline Eesti patrioot. Ning ema oli see, kes valis mu nimeks Laine.

Kodu on koht, kus on hea olla. Kus võid nutta, naerda ja olla sina ise. Kus
sul ei ole mitut nägu. Kus võid saada lohutust ja sinu rõõmu võetakse siiralt.
Kus pole kahjurõõmu ja sind toetatakse tingimusteta.

> Minu jaoks on kodu tundeks elav tuli. Kodukolle. Kui vähegi võimalik, siis on mu
> kodus olnud alati kamin. Tuld ma armastan vaadata, tuli on lõputu, aitab mõtelda,
> üksindusest üle saada. Minu meelest tuli ei kõrveta, see pigem soojendab – südant ja
> hinge, paitab silma ja aitab mõelda.

Suurlinnas Moskvas sündinud ja kogu teadliku elu Tartus elanud tüdrukuna arvan
ikkagi, et eestluse juured on maal. Ning maa on töö. Just töökus on minu jaoks
oluline – inimesel peab olema harjumus ja tahe tööd teha. Eks selleks tule end vahel
ka sundida. Aga töö aitab elada. Isegi Eesti lõhn ja maitse – rukkileib – on tööga
tihedalt seotud. Eestlasel on ikka väga raske olnud end läbi sajandite ära elatada. Igas
mõttes – nii meie omakultuurikiht kui ka mullakiht on õhukesed. Selle peal suurt
lopsakust iseenesest ei kasva. Me oleme alles jäänud ja ikka hakkama saanud tänu oma
vastupidavusele, töökusele ja eesti jonnile.

Eesti inimene on vähese jutuga. Tasakaalukas. Natuke
pikaldane. Ses mõttes ei ole ma ise muidugi tüüpiline
eestlane. Kuigi jah, see tasakaalu poole püüdlemine on mus
olemas. Meenub Paul-Eerik Rummo luuletus:

Siin oled kasvanud. Tasasel maal.
   Siit on su rahu ja tasakaal.

   Munamägi on pilvepiir.
   Pilv on madal ja hall nagu hiir.

   Maailmapilet su kätte anti.
   Maailm on lahti mõndagi kanti.

   Nende seenemetsade sekka
   ikka kuid tuled kui musulman Mekka.

   Siin oled sündinud. Tasasel maal.
   Siin on su rahu ja tasakaal.

When I think about being Estonian, I feel that my mother, who was born
in Moscow and lived there in her youth, is more Estonian than some people
who were born and have roots here. First of all she quickly learned the language,
she had to understand me and I spoke only the Estonian language. She could have
put me in a Russian-speaking kindergarten, but from preschool on, I was always
among Estonians. My mother appreciates Estonian culture and its creators. When
my mother observes the Estonian life on the world's political arena, she is a fierce
Estonian patriot. And it was mother who chose my first name—Laine.

>Home is a place where you feel good. Where you can cry and laugh and be
>yourself. Where you do not have to have several faces. Where you are
>comforted and where your joy makes the others sincerely happy. Where there
>is neither malice nor gloating and you are unconditionally supported.

Although I was born in the big city of Moscow and have lived all my conscious life in the town
of Tartu, I still think that the Estonian roots are in the countryside. And countryside means work.
Diligence and hard work are important to me, a person should want to work. True, sometimes one
has to force oneself for that but work helps to live. The smells and taste of Estonia—concentrated
in rye bread—are also connected with work above all. The Estonians have always had difficulties
in sustaining themselves. In every sense of the word—both our soil and our own cultural layer are
thin and do not provide lush crops just like that. We have survived and managed thanks to our
tenacity, industriousness and the Estonian obstinacy.

>The Estonian does not talk much. He is steady. A bit slow. In this sense
>I am not a typical Estonian myself. But I do have the striving for balance
>and steadiness. I just remembered a poem by Paul-Eerik Rummo:
>>Here you grew up. On a land which is flat.
>>You get your peace and balance from that.
>>
>>The Egg Hill remains the cloud frontier.
>>The clouds are low and mousey-grey here.
>>
>>One ticket to the world was meant for you.
>>You can still check whether it's all true.
>>
>>What Mecca is to a Moslem believer,
>>these woods are to you with mushroom fever.
>>
>>Here you were born. On a land which is flat.
>>Your peace and balance stem from that.

The Estonian has lived in a citadel for too long. Not only crouching under
the Soviet occupation but before it as well. The yoke of serfdom makes you strain
with defiance to keep your identity. Paradoxically we have been most Estonians
in this citadel, fighting to remain ourselves. But freedom brings interfusion.
The world becomes open and you yourself open up. There is no defiance against
globalization. You think about freedom when you do not have it, you fight for it
when it is endangered. It seems that the pendulum has finally moved to the point
when we are starting to give a deeper meaning to our freedom.

>Nevertheless, I am scared. I fear dissolution, especially linguistic
>dissolution. When the word, the language disappears it takes
>culture with it, and then the whole nation disappears.

Eestlane on elanud ikka väga kaua tsitadellis. Mitte vaid Nõukogude okupatsioonirežiimi all küürutades, vaid ka enne. Orjapõlve ikke all püüad ja pingutad, et kõige kiuste säilitada oma identiteet. Paradoksaalselt olemegi tsitadellis elades olnud ehk kõige rohkem eestlased. See teeb kangeks ja sunnib olema sa ise. Aga igasugune vabadus toob paratamatult segunemise – oled ise avatud ja maailm on sulle avatud. Globaliseerumise vastu ei saa. Vabadusele mõeldakse ikka siis, kui seda ei ole. Vabaduse eest võideldakse eriti siis, kui see on ohustatud. Tundub, et kellapendel on täna, pärast taasvabadusest tingitud eufooriat, jõudmas jälle sinna, et hakkame oma vabadust mõtestama sügavuti.

Kuid ikkagi tunnen mingit lahustumise hirmu, just keeleliselt. Kui kaob sõna, keel, kaob ka kultuur ja rahvas tervikuna.

Eesti rahvariided on maailma kõige ilusamad riided! Ma olen 44 aastat vana ja olen elu jooksul kandnud eri kooride juures kõikvõimalike maakondade rahvariideid. Kuid eelmisel kevadel sain esimesed isiklikud. Ning tasku sellele tikkisin ise – see oli erakordne tunne. Need on pärit Saaremaalt Kihelkonnast. Just sarnased olid mu esimesed koori vormirõivad, mida ka kunagi TPI kammerkooris lauldes kandsin. Tunnen, et rahvariietes on oma vägi ja maagia – neisse on sisse õmmeldud, tikitud, kootud, plisseeritud oma lugu. Mõelge, kui palju erinevaid lugusid meie väiksel rahval on! Kui palju erinevat kombestikku, kui erinevad on olnud traditsioonid saartel või Peipsi ääres. Ja see kõik mahub vaid 300 kilomeetri sisse läänest itta ja põhjast lõunasse!

Ju see kirev ja rikkalik o m a l u g u ongi aidanud meil kesta.

The Estonian national costume is the most beautiful in the world. I am 43 and conducting choirs I have been given various costumes from different Estonian counties to wear. This spring I got the first costume of my very own. And the loose pocket for the costume I embroidered myself—what a feeling! My costume comes from Kihelkonna parish, Saaremaa. I wore the same kind of costume when I sang myself in my first choir, the chamber choir of the Tallinn Polytechnic Institute.

    I feel a special power and magic in the folk costume. The story has been woven, sewn, pleated, embroidered into them. How many different stories our small nation has! How many different customs, traditions vary on the 300 km from Lake Peipsi to our western islands from north to south!

                      Perhaps it is just this, *our own story*, that has helped us to survive.

elab Rapla kõige äärmises majas, tema kodu kõrvalt lõpeb linn. Üheksa-aastane Niklas elab seal koos ema-isa, kahe vanema õe ja ühe noorema vennaga. Üle kõige huvitavad teda dinosaurused, loodusõpetus ja filmide vaatamine.

Niklas Schutting

lives in the very last house in Rapla before the town ends. The nine-year-old lives there together with his mother and father, two elder sisters and one younger brother. He is most interested in dinosaurs, nature studies and films.

Niklas Schutting Nõmme Ristija Johannese kiriku hoovil.
Niklas Schutting next to St John the Baptist's Church in Nõmme.

Eesti on minu arvates selline väike maa. Enamasti on siin kas mürarikkad linnad või vähesed vaiksed metsad või siis maakodukesed. Eestlased hoolivad oma kodumaast. Aga ma elan väikses kohas, minuni palju kuuldusi ei jõua, lehti ei loe, uudiseid ei vaata. Arvan, et eestlastele on kõige tähtsam enda elu.

Eesti on üldse väga väike koht. Eriti minu kodulinn Rapla: 200 meetrit ja olengi väljas. Ka siin on müra ja autod, vaba loodust on väga vähe. Aga ikka ma tahan elada ainult oma kodus, sest minu kodu on kõige parem koht. Tahaks jääda igaveseks oma majja elama. Rapla selles osas, kus ma elan, ei käi kunagi liikluspolitsei vaatamas ja sellepärast siin autod kihutavad ja ma tunnen tihti tossusaaste lõhna. Aia äärest ei saa isegi võililli korjata, ei saa enam teha võilillesiirupit, mis mulle väga maitseb ...

Hästi on Eestimaal see, et siin on vähe inimesi. Üldse on Eestis vähe inimesi, kes on rikkad, kellel on palju raha, aga ikka kraabitakse palju asju kokku ja siis visatakse kohe varsti prügikasti. Õige oleks panna sellisesse prügikonteinerisse, kus asi muudetakse ümber uueks, taastatakse. Aga tänapäeva inimesed viskavad metsa alla ja loomad tulevad seda siis vaatama. See prügiasi on Eestis väga halb. Jaapanis oli selline legend, et kui palju prügi maha visata, siis sellest kasvab varsti prügikoletis. Jaapanlased hakkasid kartma, inimesed on saanud aru, et palju prügi teeb palju jama. Aga eestlased ei hakka nii kergesti kartma, sest eestlastel ei ole legende.

Mõnikord vanemad räägivad lastele, et Venemaa on väga halb ja lapsed usuvad seda, kuigi see ei ole päriselt nii. Ükski maa ei ole ainult halb või ainult hea. Aga vahel me ei mõista teisi ja arvame, et mis on meile võõras, see on ka halb.

Üldiselt ma tunnen, et olen kuidagi imelik eestlane, sest eestlastel ei ole õigeusku, aga mina olen õigeusklik. Sellepärast on mul ka koolis tihti probleeme. Mul on vähe sõpru, sest ma jätan sõpruse katki nendega, kes pilkavad Jumalat. Minu kirikusõbrad on teistsugused, sest nemad ei löö nagu teised, nad on minuga ühte usku ja nendega on seetõttu parem rääkida. Nad ei kaldu oma jutuga kogu aeg arvutimängudele, räägivad rahulikumatel teemadel.

Tänapäeva Eestis mulle ei meeldigi see, et lapsed mängivad nõmedaid arvutimänge ja satuvad sellest sõltuvusse. Siis nad ei hooli enam kellestki.

Kui ma vahel oma sõbra juures käin, ei tee ta minust üldse välja – istub ja mängib kogu aeg arvutis. Mul on siis igav ja ma mängin tema kassiga. Kass on hoopis huvitavam, sest ta on elus ...

Vanasti ma tahtsin saada filmilavastajaks, aga nüüd ma tahan saada kaluriks, sest see on hea vaikne amet. Filme tehes ju karjuvad kogu aeg: *"Action, action!"*
Filmidele kulutavad eestlased üldse liiga vähe raha. Nende maitse on lahja ja kokkuhoidlik. Tehakse selliseid saateid nagu "Õnne 13" ja "Reporter", klassikat on vähe.

Estonia is such a small country. Here they have noisy towns, a few quiet forests and homes in villages. Estonians care about their homeland. But I live in a very small place, I do not hear much, I don't read newspapers, I don't watch news on TV. I think their own life is most important to Estonians.

Estonia is small in every way. My hometown Rapla is especially small: only 200 metres to go and I am out of the town. It is small but it is still noisy, there are cars and not many wild places. Still, I want to live in my home that is the best place in the world. I would like to stay in my own house forever.

In the part of Rapla where I live, I have never seen traffic police and the cars speed all the time. I often smell the polluted smell of traffic fumes. You can't even pick dandelions near the garden fence and making dandelion syrup is impossible although I like it so much …

It is good that there are so few people in Estonia. There are very few rich people here but everybody still grabs things that they soon throw away anyhow. It would be right to put these used things into recycling bins but people throw them into the forests for the wild animals to see. Garbage problems are very bad in Estonia. In Japan they had a legend that if you litter a lot, a horrible garbage monster rises from the garbage. The Japanese were scared and people understood what a bad thing lots of garbage is. But Estonians do not scare easily as they do not have these kinds of legends.

Sometimes parents tell their children that everything is bad in Russia and children believe it although it is not like that. No country is only bad or only good. But sometimes we do not understand what is strange to us and think it is bad and this is a really bad thing.

I feel that I am a strange sort of Estonian because I am Orthodox but Estonians are not Orthodox religion. Because of that I frequently have problems at school. I do not have many friends as I can never be friendly with anybody who mocks God. The friends I have made through church are different, they do not fight, they have the same beliefs as I do and it is much better to talk with them. They can talk about other, more peaceful things than computer games.

What I really do not like in Estonia today is that the children play stupid computer games and get addicted to them. And then they do not care about anyone anymore. When I sometimes drop in at my friend's, he does not pay any attention to me—he only sits and plays on his computer. I get bored and I play with his cat. The cat is much more interesting as it is alive …

Some time ago I wanted to become a film director but now I would like to become a fisherman, as it is a nice quiet job. When a film is being shot there is constant shouting, "Action! Action!"

Estonians spend too little money on making films. They have no taste to speak of, they are economizing all the time. They do not make classical films, there are only shows like the soap Õnne 13 and Reporter.

koduaknasse Toompeal heliseb igal päikesetõusul "äratuskell" otse Pika Hermanni tornist. Päevad mööduvad tal koos muusikaga Linnateatris ja teatritudengite seltsis. Riina ajab eesti asja tõelise kirega – tema lähedased teavad, et päris tavalisi argipäevi tal polegi, ikka on mõne suurmehe sünniaastapäev, tähtsa sündmuse aastapäev või lihtsalt päikeseline ilm – Eestis on kõik päevad pühad!

wakes up every morning in her home on Toompea, when the "alarm clock" in the Tall Herman tower starts to "ring" at sunrise. Her days pass accompanied by music at the City Theatre and with her students at the academy. Riina takes the *Eesti asi*—everything about being Estonian—very seriously. Her friends know that weekdays for her are never ordinary, every day is either some public figure's birthday or the anniversary of some important event, or if not that—sunny weather to be celebrated. For her, every day in Estonia is a holiday!

Riina Roose koos sõber Sonjaga 24. veebruari varahommikul.
Riina Roose and her friend Sonja early in the morning of 24 February.

Olen palju reisinud, kuid oma südant ei ole ma kuskile kaotanud.
Mu süda on siin, kuulub Eestile. Mul ei ole palju vaja.

Kõige põletavam igatsus Eesti järele oli 1990. aastal kuu aega Ameerikas väliseestlastel külas olles. Sel ajal oli mu elamine Eestis eriti nõrk ja vilets, ühes tõeliselt kehvas majakeses. Üldse oli segane aeg, ei teadnud, mis saab. Laulva revolutsiooni vaimustus oli vaibunud, Nõukogude Liit veel alles. Kuid kõige kiuste tundsin ühest Ameerika villast teise rännates väga tugevalt, et ma tahan koju. Mis siis, et mul tegelikult Eestis polnudki ju õiget kohta, ka sellest ehkupeale hurtsikust oli vaja varsti välja minna. Tundsin, et Eesti on tervenisti minu kodu. Ma olen siin peremees. Ma võin siin heas mõttes igale poole minna. Keegi ei saa küsida, mis sa siin teed või kust sa tulid. Sellel, et olen siia sündinud, peab olema mingi mõte sees. Arvan, et enamik maailma hädasid saab alguse sellest, et inimesed lähevad oma õigest kohast ära ja nõuavad siis uues kohas, miks ei käituta seal nende harjumuste kohaselt. See on ka üks sõdade ja konfliktide põhjusi.

Nelipühadeks tõi isa alati kased tuppa, sellised toakõrgused. Mets oli mu kodu lähedal. Kaskede lõhn. Need olid toas ehk kolm-neli päeva, kuid tagantjärele tundub see palju pikem aeg, et kevadel alati olid kased toas. See lõhn oli nii oluline, et jäi meelde.

Kõige paremini tunnen end rabas ringi konnates. Andres Vanapa ütles kunagi, et rabamaastik on mu enda hingepeegeldus. Kui ma raba vaatan, siis tunnen, et see on kõige rohkem minu enda moodi.

Inimene peaks saama keskenduda, mediteerida, aga kui ta elab koledas kohas, siis kulub põhiaur selle peale, et mitte välja teha sellest koledusest ja mürast. Ja siis lõpuks ei teegi enam millestki välja. Sageli me ei mõtlegi sellele, oleme harjunud, aga koleda keskkonna mõju avaldub milleski muus. Ilusas ja rahulikus keskkonnas elavatel inimestel on kõva edumaa.

Ei tea, kas looduskeskkond suudab alla neelata kogu selle müra, mille käes ta vabiseb? Tundub, et palju vastuolusid tulenebki sellest, et inimene ei suuda müra läbi seedida. Kuigi müra on ainus saaste, mille saab sageli likvideerida ühe nupulevajutusega. Suurema osa ajast on inimkond elanud vaikuses.

Praegu on juba vähe kohti, kuhu põgeneda. Hüpassaare rabast lendab ka lennuk üle. Ähvardame sõpradega, et teeme vaikusepartei, aga siis on see häda, et ei saa midagi rääkida, muudkui vaiki ...

Moeasi on rääkida, et eestlased ei saa omavahel läbi. Olen käinud viimased 15 aastat suvel mööda Eestit jalgrattamatkadel. Alati on vaja kellegi käest teed küsida või vett ja telgiplatsi paluda. Ühtegi juhust ei tule meelde, kus keegi oleks keelanud. Väga palju on vastutulelikkust ja head suhtumist.

I have travelled a lot but I have not left my
heart anywhere. My heart is here, it belongs
to Estonia. I do not need much.

The most homesick I ever felt was when I spent a month in the US, visiting some Estonians there in 1990. At that time I lived in a very poor house in Estonia. It was a confusing time, too, nobody knew what would happen. The enthusiasm of the singing revolution was dying out and the Soviet Union still existed. Nevertheless, travelling from one American villa to another I felt I wanted to get home. It did not matter that I did not have a proper home in Estonia, that I was soon to move out even from the dilapidated hut where I had temporarily found a roof over my head. I felt all of Estonia was my home, I was the mistress of that home and I could go everywhere. Nobody can ask what you are doing here and where you are from. There must be meaning in the fact that I was born here and nowhere else. I believe that most of the troubles in the world begin when people leave their birthplace and go somewhere else where they start demanding that everybody should behave in their way. This is one of the reasons for wars and conflicts.

For Whitsunday my father always brought young birches into the house. They reached the ceiling. My home was close to the forest. The smell of birches. Although they were kept for three or four days only, it seems now that all spring the smell was there, it was something to be remembered.

I feel best when I can go to a bog. Andres Vanapa said once that the bog reveals and reflects my soul. When I look around there I feel this landscape is the one that is most like me.

One should be able to concentrate and to meditate, but when one lives in an ugly place most of the energy is spent on the effort not to heed the ugliness and noise. And then nobody is paying attention to anything any more. Very often people get used to it and do not think about it but an ugly environment is reflected in different things. People who live in beautiful and peaceful surroundings have a big edge over the other people.

I do not know whether nature or the environment can swallow all the noise that makes everything shake and tremble. I feel that many a conflict is born just of the fact that people cannot digest the noise. And the noise is the only pollution that could be eliminated by pressing a button once ... Mankind has lived in quiet for a longer time.

There are very few places remaining where one can escape. Planes even fly over Hüpassaare bog. With my friend we have talked about founding a Quiet Party, but the trouble is one would not be able to talk ...

It is fashionable for Estonians to spout the idea that Estonians do not get on with each other. For fifteen summers in a row, I have cycled all over Estonia. Often I have needed to ask for directions, sometimes permission to take water from a well or put up a tent. I cannot remember anyone ever refusing the request. People are approachable and kind.

Meid, eestlasi, on nii vähe, seetõttu on igale inimesele
esitatud nõuded keskmisest kõrgemad kui näiteks
Saksamaal või Prantsusmaal, kus on rahvast kõvasti käes.
Meil peabki inimene rohkem suutma ja tegema. Me ei
saa lubada umbisikulist käskivat kõneviisi *à la* tehtagu.

> Viimane laulupidu näitas, et ühistunne on meil vägagi olemas. Kui
> kordamisele läks just Tõnis Mägi "Maarjamaa", siis seda on raske seletada …
> järsku lihtsalt on selline tunne, kõigil eraldi ja koos, et nüüd see juhtub.
> See on mingi eriline energiakogu, mis seal tekib, suur koguduse ja osaduse
> tunne, ristlõige Eestist ajas ja ruumis. Laulupidusid on meil olnud üle 100
> aasta, inimesed juba teavad, kuidas seal käituda. Öeldakse paari sõnaga, et
> "tenorid vasakule, bassid paremale", ja 30 000 inimest liigub, kuidas vaja.
> Kord olin Jaapanis ühel festivalil, kus oli umbes 300 esinejat. Lavaletuleku
> proovis käis tohutu kemplemine, sada värvilist plaastrit pandi põrandale – ja
> ikka oli suur segadus, kus ning kuidas keegi asetsema peab. Laulupidu
> ongi eelkõige suguvõsa või hõimu kokkutulek. Küsimus ei ole laulude ega
> dirigentide tasemes, vaid just kokkusaamises … Eks organiseerumisvõime
> ole küllalt hea vaatamata sellele, et me väga tihti ei tahagi koos olla.
> Kogu aeg ei taheta teist näha nina all virvendamas, aga otsustaval hetkel
> suudetakse end kiiresti kokku võtta.

Me oleme siin ühe koha peal nii kaua elanud, seepärast peaks meile kõige paremini sobima
just see kliima siin. Koos aastaegade vaheldumisega. Mina olen ammu lõpetanud virisemise
novembrikuu üle. Inimestel on hirm pimeduse ees, juba enne jaanipäeva halatakse, et nüüd
hakkab päev lühemaks minema, see on alati üks suur jututeema. Aga kui novembrikuu on
pime, siis tuleks selle järgi ka elada. Kui valgust on vähem, tuleb kokkuhoidlikumalt käituda,
ei saa nii palju rahmida. Ongi sissepoole vaatamise aeg. Ega ilmaasjata ole november täis neid
mardi- ja kadripäevi, et natukene seda pimedust värvilisemaks teha, ja samal ajal hingedeaeg,
et rahulikult asja üle järele mõelda, valmistuda millekski. Kui see sobis suurele hulgale
inimestele, kes siia on püsima jäänud aastatuhandeteks, siis miks nüüd peaks kõik ühtäkki
pahupidi keerama? Et tuleb rabeleda ja kõik on 24 tundi ööpäevas valgustatud. Ja see meie
astronoomiline hämarik, mis algab aprillis ja kestab kuni augustini – see on midagi erilist!

Mina igal juhul ei igatse kuhugi palmi alla. Isegi mitte
jõuluvaheajal. Loomad, karud näiteks, ei ole läinud
selle mehhaniseerimisega kaasa, pigem kolivad nendest
valgematest kohtadest kaugemale ja magavad talvel.
Tallinna külje alla endale enam ammu koobast ei tee.
Kui ma hiljuti Itaaliast päikeseküllasest novembrist jõudsin
Tallinna, kus lennuk lume- ja lörtsisajus vaevu maanduda
sai, küpses minus lõplik ilma-üle-virisemise-vastasus:
tulgu või pussnuge – kodus on ikkagi kõige parem!

We Estonians are so few and that is why everybody has more responsibility than people have in Germany or France, which have so many people. Our people have to be able to do more. We cannot allow for the passive "it should be done".

The last song festival proved that we still have the feeling of being one. When Tõnis Mägi sang "Maarjamaa" a second time as an encore ... it is so difficult to explain ... everybody individually and collectively seemed to have the feeling that that it would be that song. This is some vast body of energy, the feeling of being a nation, the feeling of participation, crosscut of Estonia in time and space. We have had over a century of song festivals and people know well how to behave. Only a few words—"tenors to the left, basses to the right" and 30,000 people move as needed. I was at a festival in Japan once where there were about 300 performers. The rehearsal of coming onto the stage was a struggle. About a hundred coloured labels were stuck on the stage and still it was total chaos. Our song festivals are above all a gathering of the tribe. It is not about excellent songs and good conductors, it is coming together. True, we have quite a good sense of organization even when we do not like to be together all the time. We can pull ourselves together when it is necessary.

We have lived here for so long that our climate should be the best for us. And the changing of seasons. I do not complain about November. People fear darkness, the first laments about the shortening day are heard already before midsummer. But when everybody knows that November is dark they should adapt to this. To slow down, to have a good look into oneself. Martinmas and St Catherine's Day festivities are supposed to alleviate the grey darkness but at the same time it is the time of souls, a preparation for something. If it was good for so many people for centuries why should we suddenly change it and have everything lit up for 24 hours running. Out astronomical twilight that starts in April and lasts up to August is something very special!

I do not long for palm trees. Not even during my Christmas holidays. When I recently came back from Italy and its sunny November into our snow and slush that made it difficult for the plane to land, I still felt that I will never grumble about the weather—home is the best place to be.

/.../
Selge taevas
ja maa on tumm.
Liigahtab miski?
Ei, on vaikus vaid.
Loodussaade?
Ei, mu isiklik
miljonivaade.
Eestimaal.

Kristiina Tigasing
Viluste põhikoolist

/.../
Clear sky
and the earth is
mute.
Anything moving?
No, just silence.
Nature program?
No, my private
million sight
in Estonia.

        Kristiina Tigasing
   from Viluste primary school

Asta tautti

on mõlemad lõpetanud Tartu ülikooli bioloogina. Jaanus on riikliku looduskaitsekeskuse peadirektor, Asta töötab RMK Sagadi metsakeskuse arendusjuhina. Viimased 11 aastat on nende elu seotud Sagadi mõisaga Lahemaa rahvuspargis.

...a Jaanus are both biologists, graduates of Tartu University. Jaanus is chief director of the State Nature Conservation Centre, Asta works at the Sagadi Forest Centre as development manager.
For the last 11 years they have been working in Sagadi, in Lahemaa National Park.

Asta ja Jaanus Tuusti Altja jõe orus.
Asta and Jaanus Tuusti in the valley of the Altja River.

Asta: "Loodusega on iga hetk erakordne. Meenub üks ennehommik viie aastat tagant. Ärkasin öösel poole kolme ajal ja und enam ei tulnud. Seitsmenda meele taju ei lubanud enam hetkekski nelja seina vahele jääda: looduse kutse oli nii tugev. Võtsin siis kohvi, võileivad ja ratta ning sõitsin mere äärde Mustoja randa. Metsast välja jõudes tabas mind üllatus – meri oli kadunud: udu varjas vee ja seisin kui maailma äärel … Altja jõe ääres, selg vastu võimsa kuuse tüve, kohvi ja võileibu nautides sain reaalsesse maailma tagasi. Äkki kuulsin sillerdavat helinat ja kalliskivina helklev jäälind vuhises otse mu silme eest mööda. Hakkas kergelt vihma tibutama. Panin riided Kärbse palgina tuntud sillakese alla ja läksin ujuma. Jõevoogude puudutus ja tihenev vihm oli parim spaaprotseduur. Korjasin veel kaks liitrit mustikaid. Koju vändates sain võimsa äikesevihma kaela. Kui pere pannkoogilõhna peale ärkas, märkasin värsket mustikamoosi lauale pannes, et kell oli alles üheksa. Sellistest hetkedest jääb kõik meelde: värvid, lõhnad, maitsed, puudutused, hääled ja seletamatu taju, et igal tavalisel hetkel toimub kusagil looduses midagi imelist.

Väga eriline heli on mere kohin. Mitte tormamine, pigem lainete randumise õrn mürin vaikse ilmaga. Ja hilissuve ning sügise hääled on sookurgede hüüded. Augusti keskel tulevad sookured meie põldudele, kust nad õhtul mere äärde ööbima lendavad. Nii kestab see igaõhtune ja -hommikune ülelend, mida saadab noorte sookurgede sirin, oktoobrikuu keskpaigani.

Oluline on igasse päeva saada vaimustus ja ime-tunnetus. See seob eluga. Ma ei usu, et kristlik usuõpetus raviks meid väärtuste kriisis. Kõrberahva usk jääb metsarahvale võõraks. Ja eestlased ongi eelkõige metsarahvas. Kui võtta kas või inimeste nimed, siis meil on kõige rohkem Tammesid. Järele tulevad Saared, Kased, Männid, Kuused … Lääne-Euroopas tekitab see hämmastust – neil seal on pigem ametite nimed. Kuigi meie elutunnetus on muutunud, ilmutab loodus end endiselt kõikjal. Inimesed kipuvad üha enam võtma loodust millegi eemalseisvana, nagu linnas seda ei olekski. Kipume unustama, et meie iga hingetõmme või suutäis on endiselt seotud loodusega – taimede ja päikeseenergiaga, mida nad seovad. Usun, et seda rääkida on praegu väga hea aeg, sest eestlased on taas avastamas oma pärandikultuuri ja loodust. Me oleme osa loodusest ja ka inimene loob oma tegevusega võimalusi teistele liikidele. Ja eestlane on kõige sobivam rahvus sel maalapil siin toimetama: ta tunneb oma ümbrust, loodus on kodustatud ja nimetatud just meie keeles."

Jaanus: "Eesti on Euroopa Liidus üks tõeliselt roheline oaas. Paradoksaalsel kombel peame selle eest tänama fakti, et me ei ole olnud nii arenenud kui lääneriigid, kes on oma looduse sageli täielikult inimese kontrollile allutanud. Nüüd oleks aeg see miinus plussiks keerata. Ja kui mõeldakse, et küll me hakkame loodust kaitsma siis, kui rikkaks saame – siis võib ühel hetkel märgata, et polegi enam midagi kaitsta!"

Asta: "Every moment out in the open air may be special. I remember a morning five years ago. I woke up at half past two and could not fall back asleep. The call of nature was so strong that I had to get out of the house at once. I made coffee and sandwiches and bicycled to the sea, to Mustoja beach. When I emerged from the forest I stopped, surprised—there was no sea, the fog had hidden it from view and I stood as if on the edge of the world. On the bank of the Altja river, leaning against an old and thick spruce I enjoyed my coffee and sandwiches and got back my sense of reality. Suddenly I heard a chirr and a kingfisher shimmered past ... A light drizzle started. I put my clothes under the footbridge that the locals call Fly's log and went for a swim. The current in the river and the drizzle that became stronger were equal to the best spa procedures. After that I picked two litres of blueberries. When pedalling home a thunderstorm caught me and I got wet through from the sudden shower. My family woke up to the smell of pancakes, I served them with freshly made blueberry jam and noticed that it was only nine o'clock. I remember everything about this morning—the colours, the smells, the taste of things, touches, noises and some unexplainable perception that something miraculous is going on in nature all the time.

> The sound of the waves is something special indeed. I do not mean stormy seas but the waves of the calm sea. And the calling of cranes in late summer and autumn. In mid-August the cranes come out to the fields for the day and fly to the sea to spend the night. Over us every morning and evening up to mid-October, accompanied by the twitter of young cranes.

"It is essential to get the feeling of miraculous delight into your everyday life. This is the strongest link to life. I do not believe that Christianity could help us out of our ethical crisis. A religion born in the desert remains strange to a people of the woods. And Estonians are, above all, people of the forest, of the woods. Look at the surnames: we have many Oaks, followed by Ashes, Birches, Pines, Spruces ... In Western Europe that may sound odd, as they are mostly named after trades. Although we have also changed we are still conscious of nature. We may begin forgetting that every breath of air and every bite of food we take comes from nature. It is the right time to speak about it, about the plants and the energy of the sun, as Estonians are paying more attention again to their heritage. Being a part of nature, man creates possibilities for other species to live. And these are Estonians who should maintain this land as everything is called in their language, they know and appreciate the nature around them."

Jaanus: "Estonia is a green oasis in the European Union. Paradoxically we have to be grateful for the fact that we are not as highly developed as most West European countries, which have totally subjected their nature to man's control. Now we should think of turning this drawback of ours into an advantage. If we think that we will do everything to protect nature when we are as wealthy and developed as the others, we may discover that there is nothing left to protect."

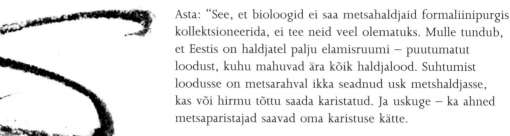

Asta: "See, et bioloogid ei saa metsahaldjaid formaliinipurgis kollektsioneerida, ei tee neid veel olematuks. Mulle tundub, et Eestis on haldjatel palju elamisruumi – puutumatut loodust, kuhu mahuvad ära kõik haldjalood. Suhtumist loodusse on metsarahval ikka seadnud usk metshaldjasse, kas või hirmu tõttu saada karistatud. Ja uskuge – ka ahned metsaparistajad saavad oma karistuse kätte.

Seened on minu jaoks väga erilised, maagilised ja eestilikud. Mööda Eestit kulgeb piir idaliku ja lääneliku seentesse suhtumise vahel. Kui Ida-Eestis on seened rohkem au sees, siis näiteks saartel mitte nii väga, Hiiumaal kutsuti neid halvustavalt isegi maa hallituseks. Eestlase tarkus on olnud korjata ikka vaid neid seeni, mida tundis juba vanaema. See teadmine kadus ära siis, kui ilmusid värviliste udupiltidega seeneteatmikud ja algasid seenemürgistused. Kahju, et kaotsi on läinud seente maagilise võime taju. Meil pole küll kärbseseene kasutamist dokumenteeritud, kuid mitmed kasel kasvavad seened on olnud pühad: kasekäsnakut on amuletina kaelas kantud. Tuletael (üks puuseentest) oli igal mehel tule läitmiseks kaasas.

Seen on oluline ka toidulaual, kõige omakasvatatu kõrval. Ma kasvatan põhimõtteliselt ise kartulit, sibulat ja porgandit, maksan kas või peale. Mida lähemalt on toit pärit, seda värskem ja keskkonnasõbralikum see on. Ning nõnda on igal aastaajal oma maitse.

Arvan, et eestlane on väga kohanemisvõimeline. Eestlase ümber on alati toimunud kiired, tihti isegi äkilised muutused: korrapärasest aastaegade vaheldumisest kuni riigikorra muutumiseni. Sellest ka teatav ebakindlus ja hirm, mis on sundinud koguma, korjama ning mõtlema tulevikule: me ei saa alati üksnes käesolevas hetkes elada.

Klappidega kaetud silmad ja ülbe rumalus kurvastavad. Palju on sellist kõiketeadmist, mis siiski ei tunne põhitõdesid. Aga eks see ole omane kogu ilmale. Hästi palju energiat kulutatakse tagajärgedele, mõtlemata põhjustele.

Me räägime väärtuste kriisist ja otsime selle põhjusi. Kui pere ei loo väärtusi ja koolist on saanud võistlemise koht – pead olema parim kõiges –, ei saagi kujuneda väärtushinnanguid, mis kogu ühiskonda edasi viiksid. Kuid looduses on igaühel oma roll, part ei pea olema kõige kiirem jooksja. Nõnda võiks olla ka inimestel. Väärtus on ikkagi see, mille poolest me oleme erinevad. Me ei peaks nii palju teistel sabas sörkima ja kõike järele tegema, globaalse majanduse kiiluvees ujuma."

Jaanus: "Kuid samal ajal on juba eestlase olemuses teadmine, et ta peab olema tublim kui teised. Me peame oma väiksuse juures saama hakkama kõige sellega, millega suuredki. Nii peabki tihti üks mees tegema ära mitme töö. Kuid see tähendab ka, et me peaks võimalikult efektiivselt tegutsema, võimalikult väikeste energiakadudega."

Asta: "The fact that biologists have not been able to catch and conserve a forest fairy in a jar does not make them non-existent. I believe there is still lots of space for all fairytales in Estonia's wild places. The belief in the Forest Fairy or Spirit has helped maintain a balanced relationship with nature, be it the fear of punishment or reward. And believe me, these greedy wasters of our forests will be punished.

"For me mushrooms and fungi are special, magic and truly Estonian. Estonia is the borderline between Eastern and Western attitude to fungi. In East Estonia mushrooms are highly appreciated but on our Western islands they are not. In Hiiumaa they even had a derogatory nickname—the mould of the soil. The wisdom and skill to pick only these fungi that one's granny knew and used still lives in some people but some lost it when handbooks about mushrooms with foggy photos or not very precise drawings were published, signifying the beginning of mushroom poisonings. We have no records of making use of the fly agaric or destroying angel but some fungi were considered sacred. One type of mushroom, the kasekäsnak, has been worn as an amulet and the tinder fungus (a bracket fungus) was carried in every man's pouch to strike a light.

"Fungi and mushrooms are good supplements to the diet, alongside everything that we grow ourselves. I grow my own potatoes, onions and carrots on principle. And I am ready to pay more to get my foodstuffs from the vicinity. It is environmentally friendlier and fresher. And it gives every season its own taste, too.

"I believe Estonians are rather adaptable. Around us quick, sudden changes are always occurring, beginning from the change of seasons up to political changes. This has made us a bit unsure, has made us save and gather, think of the future and unable to live for the moment.

"People in blindfolds and arrogant stupidity make me sad. Some people think they know everything but have no idea of fundamental truths even. Well, this is not so only with us. We do not think about causes but spend too much energy on results.

"It is also a complicated time in what concerns basic values. Families do not generate them any more and school has become an arena of competition, you must be the best in every field. But in nature everybody and everything has a place, a duck does not have to be the best runner. People should think more in these lines too. Our differences may be valuable. We should not be copycats in the global economy."

Jaanus: "However, in most Estonians' consciousness lives the idea that he or she has to be the best. We have to cope with the same things the big nations do, although there are so few of us. Thus one man has to do the work of several, more often than not. But it also means that we should keep effectiveness in mind and not waste energy."

Tiina Kaalep,
ajakirjanik, kes resideerib Lissabonis Eesti saadiku kaasana.

a journalist who resides in Lisbon as the wife of the ambassador of Estonia to Portugal.

Tiina Kaalep Tartus Karlova-kodu õuel.
Tiina Kaalep in her home in Karlova, Tartu.

Midagi juhtus minuga mõne aasta eest. Senini olin innukas kolija, uute kohtade avastaja, uskusin, et saan hakkama igal pool. Siis see muutus. Mulle hakkasid nagu juured alla kasvama. Ma tahtsin kodu, kust enam ära kolima ei peaks, kapitaalset raamaturiiulit, flokse ja mustasõstrapõõsast aianurka. Õunapuid, mis olen ise istutanud. Vanu sorte – "Suisleppa" ja "Kuldrenetti" ja "Valget klaari". Kodul on tähendus. Nagu ka sellel konkreetsel majal, kus mina elan, selle lõhnadel ja värvidel, öistel ja päevastel helidel. Me kasvame kokku.

> Ütlesin ühele sõbrale alles nüüd, paari nädala eest, et kui ma kolmekümne aasta pärast veel elan, siis mu aadress on sama. Seesama Tartu vana puumaja, siin plaanin elada enda lõpuni. Ta imestas. Ta oli just saanud 67, aga sellist kohta pole leidnud.

Ma ei teadnud enne, et selline olen, nii konservatiivne. Aga selliseks teeb vist ilmajäämise tunne. Et ma ei saa kodus olla, kui tahaksin. Olen ikka käinud Tartust Tallinna tööl ja nüüd olen hoopis Eestist ära. Aga mu mõtted on jäänud sinna – ma mõtlen ikka edasi kodustest asjadest, emast ja isast, Tartust ja maakodust, sellest, kas peaks mõne uue viljapuu istutama, vanaema hauale uue äärise tegema või äkki ehitaks just sel suvel maale sauna. Poeetiliselt öeldes: mu hing on ikka edasi Eestis. Nagu veebikaameraga hoian end seal edasi ja liigun ikka samades kohtades, samas raamatupoes, samas kohvikus, samadel tänavatel, kuulan trammikolinat Kadriorus, Halliste kiriku kella – minu Eesti.

Ma olen kogenud kojujõudmise õnne suurtes ja väikestes asjades. Suured asjad on suured: Eesti lõhn, mis hoovab üle Ülemiste ja lendab pahvakuna vastu nägu, kui seisan lennujaama ees, käsi kohvri küljes. Eriti sügisel, kui need lõhnad on täis kõike, mis looduses parasjagu toimub: lindude minekuid, lehtede lendlemist, vete pahinat. Kõik see on selles esimeses lõhnakimbus olemas. Suur asi on teadmine, et meie, eestlased, oleme siin väikese tüki peal koos, oma riigis. See on vägev asi, mis on juhtunud meie eluajal – meil on oma riik, enda tehtud, toimiv ja elav. Ikka võiks paremini, tööd võiks rohkem teha, vähem võiks viriseda, aga põhimõtteliselt on meil hästi.
Tegelikult väga hästi.

> Väikesed rõõmud on väikesed, aga teravad nagu kadakanaps. Need on raamatupoe rasketes riiulites, õhtuses "Aktuaalses kaameras", raadio hommikuprogrammis, sõprade telefonikõnedes, jogurtitopsis, millele on kirjutatud Tere või Hellus. Või eestikeelsetes ajalehtedes, mis vaatavad mind läbi postkasti klaasi. Või siis kõik need kätega tehtud asjad. Vanaema õmmeldud padjapüür, ema kootud sokid, kätteharjunud tööriistad ja tarbeasjad, mõnusad aiakäärid, vana reha. Või oskused: laulmine eesti keeles, peres pärandatav kotletiretsept, täpne teadmine, kuidas roose talveks katta.

Kahju, et siiani nii loomulik oskus teha käsitööd kaob, ja parata ei saa sinna midagi. Ega ma isegi ole kaua midagi teinud. Minu arvates ei ole küsimus mitte tahtmises, vaid äralahustunud ajas. Meie põlvkond on kaotamas võimet keskenduda. Aeg pudiseb peenikeseks puruks: kojusõiduks, Selveri-sabaks, kolmeks tööjätkuna tehtud mobiilikõneks, söögitegemiseks ja telekavaatamiseks, Internetis toimuva jälgimiseks ja õhtuseks filmiks. Sokkide kudumise tarvis ei jää üle minutitki. Meie lapsed juba enam ei oskagi, kui ka tahaks. Pealegi on sokid nii odavad, kuulen hääli vastu ütlemas. Võib-olla. Aga otstarbekus pole sageli parim põhjendus. Kõigepealt kaob aeg, siis oskus. Samamoodi ei osata juba praegu maal rehapulki voolida – kes seda puureha tänapäeval enam kasutab! Käsitöö on luksus, mis on tehtud kristallselgest, segajatest puhtast ajast ja päritud ilumeelest.

Something happened to me a few years ago. Up to then I had been an eager mover, a discoverer of new places, and I believed I can manage everywhere. Then it changed. It seemed that I was growing roots. I wanted a home where I could stay, a big solid bookshelf, phlox and a black currant bush, my own corner of a garden. Apple trees that I planted myself, trees that carried old and known sorts of apples.

Home has meaning. Like the house in which I live that has its own smells and colours, sounds of the night and others of the daytime. We grow together.

I remarked to a friend a few weeks ago that if I was still alive thirty years from now, my address would be the same as now. The same old wooden house in Tartu. She was surprised. She had just had her 67th birthday but had never found a place like that.

I had had no idea before that I was being so conservative. The feeling of being deprived, of missing something might cause it. The fact that I cannot be at home when I want. I have worked in Tallinn and lived in Tartu, now I am away from Estonia. But my thoughts are still there, I keep thinking of home and homely things, mother and father, Tartu and our second home in the country. I keep thinking whether to plant some new fruit trees, make a new border on granny's grave or to build a sauna just in the coming summer. Poetically put—my soul is still in Estonia. I keep myself there as if I had a web camera. I move along the same routes, drop in the same bookshop, the same cafe, walk on the same streets, listen to the noise of trams in Kadriorg and the chiming of the Halliste Church bells—this is my Estonia.

I have experienced the feeling of happiness arriving at home in big and small things. Big things are big: the smell of Estonia when I have arrived and am standing, suitcase in hand, in front of the airport and the fragrance of home wafts towards me across Ülemiste lake. It is especially strong in autumn when the smell contains everything that is happening in the nature: leaving birds, falling leaves, rustling waters. All this greets me in this first whiff of smell. It is a great thing, knowing that we Estonians are here together, on this small piece of land, in our own country. This is not only a big but a powerful thing, this country of our own, made in our lifetime, the state that lives and functions. It could be better, more work should be done, less complaining might be heard but in principle everything is good.

Very good, actually.

Small joys are small but strongly felt, like the juniper berries in gin. They are hidden on the heavy shelves in bookshops, in the evening news programme Aktuaalne Kaamera, the in the morning radio programme, telephone calls of friends, in the yoghurt carton that bears the brand name Hellus or Tere. Estonian newspapers that look at me through the glass of the letterbox. Or all these handmade things—the pillowcase that granny made, the socks that mother knitted ... and all the tools and commodities the hand has got used to—pruning shears and an old rake that feel so comfortable when you pick them up. Or skills—singing in the Estonian language, a recipe for pork chops that is passed from one generation to the next, the know-how of covering roses for winter.

What a pity that handicraft skills are disappearing and there is no way back. I have not made anything myself for a long time. It is not a question of will, it depends on the time that has somehow dissolved. Our generation is losing the ability to concentrate. Time crumbles into dust: getting home, queuing in the supermarket. three business calls on the mobile, cooking, TV watching, the Internet and the evening film. Not a single minute to knit socks. And our children won't know how even if they wanted to. Besides, socks are cheap—I hear a voice arguing. Maybe. But first the time disappears and then the skills. People in the countryside no longer know how to whittle tines for a rake—for who uses a wooden rake today? Handicrafts are a luxury that is made of pure time and an inherited sense of beauty.

Mul on mõned riided, millel on peal käsitöised tikandid ja kaunistused.
Tegelikult pikad tunnid andeka ja toreda inimese mulle pühendatud aega.
Kuidas talle selle eest tasuda?

> Üks tore naine ütles mulle kord oma kleidi käsitsi tehtud tikandit
> näidates: "Siin on, mida tütardele pärandada!" See oli nii tore mõte.
> Järglastele ja järgmiste tulijate peale mõtlemist võiks Eestis rohkem olla.
> Kuigi: meie tähtsaim pärandus on Eesti ise – suurepärane stardipaik, et
> täide viia oma unistusi, ükskõik milliseid. Mõelda vaid!

Mõtlen sageli: milline õnn, et Eestis saab olla omaette, kõik me mahume siia lahedalt ära.
Mujal on ammu teisiti. Meiegi perel on oma väike maatükk Lõuna-Eestis. Inspekteerin
seda aeg-ajalt asjaliku mõnuga. Seal on kaks vana vundamenti ja üks hiidvana palkidest ait,
väike pargi moodi puudetukk ja salk paljulubavat kirsivõsa. Vahel enne uinumist mõlgutan
mõtteid, mis ja kuidas seal ükskord olema saab.

> Kirjutasin mõne aasta eest sellest, et kuni jaksab, võiks eesti inimene oma lastele tüki
> maad osta ja selle neile tuleviku tarvis alles hoida. Mõte tundus paljudele võõras, aga
> mulle meeldib see siiani. Sest maa saab otsa.

See toob millegipärast meelde, kuidas eelmisel suvel võtsin maamaja juures
kõvema niitmise ette. Pärast vanaema surma kakskümmend aastat tagasi pole seal
keegi elanud, kõik on natuke laokil ja kurvastavalt teisiti kui tema ajal. Niisiis
niitsin. Masinaga ja vikatiga ning mõne raskema koha pealt kitkusin niisama.
Keset õue on meil kolm lamedat kivi, mille vahel turritasid raudnõgesed. Sealt
juurikate alt, kõige ootamatuma koha pealt, sain tervituse vanaemalt: terava otsaga
raudtoki, millega ta lehmaketti edasi tõstis, kui loom oma söömamaa oli puhtaks
saanud. Küllap oli see jäänud kivi peale 1984. aastal, kui viimane lehm tapamajja
viidi. Vanaemal oli tavaks nimetada oma lehmi kordamööda: Nupu, siis Mooni
ja jälle Nupu. Viimane lehm oli Mooni. Pärast tema viimast söömaaega jäi tokk
kivile, aga järgmist lehma ei tulnudki.

Linn ja maa on Eestis nii erinevad. Liiga erinevad. Elamise viis ja elamise tase on erinev.
Meil on Eestis kahes linnas kokku mõni ruutkilomeeter ehtsat linna, mis on sünnitanud ja
kasvatanud selle erilise linnainimese tõu, keda oleme sarjadest näinud ja imestanud – kõik need
imeilusad tüdrukud, mappidega jooksmas büroohoonest teise, või modellivälimusega poisid
ülikondades, kes pääle tööd lähevad jõusaali, et ikka head välja näha. Kas oleks meie vanaisad
osanud midagi sellist mõelda või oma ajaga teha?

> Teinekord mõtlen, et koos Interneti imbumisega igasse elusoppi võib kaduda veel
> midagi igiloomulikku – raamatutega koos elamise oskus. Internetist saab muidugi
> palju kätte, aga pühendumist on seal raskem ette kujutada ja saavutada. Raamatud on
> essents, tähtsad asjad mürast eraldi. Lugemine õpetab mõtlema ja aru saama, mitte
> Google. Viimasel kahel aastal on mul raamatute jaoks aega olnud, mind on ümbritsenud
> terve ajameri, milles ma rahulikult ringi ujun. Uskumatu võimalus, mille eest olen
> elule tänulik. Ikka ja jälle olen niiviisi ujudes imestanud, kui hea on eesti kirjandus.
> Meid on vaid miljon, aga meie luule ja proosa on suure rahva omad, täis ainult
> meile lõpuni arusaadavaid mõtteid ja tähendusi, vihjeid ning pilke. Lisaväärtusena
> tuttavad kohanimed, oma keskkond, oma ajalugu. Ja meie oma sõnu, ilusaid, võõrale
> hääldamatuid. Sädelus. Igatsus. Haljus. Jõudmine. Rõõm. Unistus.
> Alustasin sellest, kuidas märkasin enda muutumist,
> teistsugust suhtumist kodusse ja Eestisse. Tegelikult
> õppisin tagasi vaatama.
> > Tulevik on ajalugu uuel moel.

I have a few garments that have been decorated with handmade embroidery. This means long hours that a fine and gifted person has given to me. How could I ever repay that?
Another fine woman told me once when she was showing me her dress with handmade embroidery, "Here is something to leave to my daughters!" What a good idea! Thinking about those who come after you should be more common in Estonia. Even when the most important legacy we leave them is Estonia—a wonderful place in which to start realizing one's dreams.

I often think what a fortune it is that we all can find a place in Estonia, that we have space for everyone. It is quite different elsewhere. Our family has a little plot of land in southern Estonia. My inspection tours there are a great pleasure to me. There are two old foundations and one ancient storehouse made of logs, a small stand of trees, almost like a park, and a thicket of promising cherry trees. Before I fall asleep I plan how it all will look in the future.

A few years ago I wrote about an idea that everybody in Estonia should try to get a plot of land for their children. The idea seemed strange to many but I still like it. There will not be much land to be had soon. This reminds me how one of my biggest endeavours last summer was mowing the area around the summer house. After granny's death twenty years ago nobody has lived there permanently and everything is a bit dilapidated and looks different from her time. So I mowed with the mower and with a scythe and there were places where I had to pull the tufts up by hand. In the middle of the yard we have three flat boulders, they were surrounded by stinging nettles. And under their roots, quite unexpectedly, I got a greeting from grandma—a pointy-ended iron stake that she used to move the chain of the cow farther when the animal had finished everything within her reach. It must have been left on the stone in 1984 when the last cow was taken to the slaughter-house. My granny always named her cows Nupu and Mooni in alternating fashion. The last cow was Mooni and when she had eaten her fill for the last time, the stake was left on the stone.

Urban and rural Estonia differ too much. The way of life and the its standard of it differ. Two towns in Estonia together yield a couple of square miles of the real town that has produced this special breed of town-dweller we have seen in soaps and wondered—pretty girls with briefcases running from one office-block to another and male-model-like young men in suits who go to the gym after work in order to keep their good looks. What would our grandpas have thought of this kind of spending of one's time?

Sometimes I fear that living with the Internet we may lose our ability to live with books. The Internet is handy, true, but it is difficult to imagine dedication there. Books are the essence, important things separated from all the noise. Reading teaches one to think and understand, Google cannot do that. The last two years I have had time for books, the sea of time to swim around in. Such an unbelievable chance that makes me very grateful to life. While swimming like that I very often recall again how good Estonian literature is. There are only a million of us, but our poetry and fiction are those of a big nation, full of things that sometimes only we can grasp. An additional bonus: the place names and history. And our own words, beautiful words that strangers cannot even pronounce. Like *sädelus, igatsus, haljus, jõudmine, rõõm, unistus*.

I started this contemplation about changes in myself, about different attitudes to home and Estonia. Actually, I learned to look back. Future is history in a different way.

Tatjana Gurova

juured on Kasahstanis, kuid töö tõi ta 23 aasta eest Eestisse. Praegu elab ta koos mees Sergeiga Jõhvis helekollases Stalini-aegses kivimajas.

has roots in Kazakhstan but work brought her to Estonia 23 years ago. At present she lives in a yellow Stalin-era stone house in Jõhvi with her husband Sergei.

Tatjana Gurova oma kodumaja ees Jõhvis.
Tatyana Gurova in front of her home in Jõhvi.

Mul ei ole kodakondsust, ei Vene ega Eesti oma. Ma ei taha kuuluda ühelegi riigile, pigem tahaksin olla maailmakodanik. Mis selles halba on? Eestit armastan ma siiski omamoodi. Usun, et teil on väga hea maa, hea riik. Kuid mõeldes tulevikule, arvan, et millalgi sõidan ma tagasi Kasahstani, oma vanemate eest hoolitsema. Midagi pole parata, seal ma sündisin ja seal olles tunnen kõige rohkem, et olen kodus.

Ma ei saa valetada ega öelda, et olen siin "oma", kuigi siin on hea ja rahulik. Minu abikaasa on omakorda Kaukaasiast ja teate – seal on ikka väga ebastabiilne. Õhtuti seal naljalt ringi ei jaluta ning päris kindlasti peaks ma seal kartma ka oma kahe poja pärast, keda võidakse rindele saata. Stabiilsus ja rahulikkus ongi Eesti puhul kõige olulisem, ma tunnen, et oleme siin kaitstud.

Olen siin leidnud endale palju sõpru. Peamiselt siiski venelaste hulgast, kuid on ka paar eesti peret. Näiteks Maie ja Ants – minu vanema poja eestlasest tüdruku vanemad –, kes elavad Kohtla-Järvel. Te ei kujuta ette, kui maitsvaid pirukaid Maie küpsetab! Ja Ants teeb imepäraseid seeni, soolakala ning õpetab mulle eestikeelseid lorilaule. Inimeste kaudu ongi kõige parem õppida eesti keelt ja traditsioone.

Eks selle keelega ole nii, et ma nagu veidi häbenen veel rääkida, kardan, et ütlen midagi valesti. Kuid rõõmu teeb, et mõistan juba päris palju, lülitan hommikul televiisori sisse, vaatan sealt uudiseid ja püüan kuulata. Tunnen praegu, et oma poiste õpetamine vene koolis oli meil suur viga, oleks pidanud ikka juba lapsest peale harima eesti keeles. Sest ilma eesti keelt oskamata on siin võimatu läbi lüüa. Mul endalgi on kaks kõrgharidust, kuid ikkagi olen töötu ... Aga ma ei anna alla, küll ma keele selgeks õpin. On ju normaalne osata selle maa keelt, kus elad.

Eesti inimesed on üldiselt kinnised, kuid väga hea südamega. Mulle meeldib, et eestlased on konkreetsed, rahulikud, kuulekad ja ausad. Mida mõtlevad, seda ka ütlevad. Salakavalust kohtab teie seas harva. Kui ma peaks teile midagi soovima, siis – ärge peatuge! Liikuge edasi, kasvatage oma majandust ja looge korda. Ärge unustage oma traditsioone, täiesti ainulaadset käsitööd ega vanu laule. Hoidke seda ja tehke veelgi populaarsemaks.

Kasahstanis, kus ma sündisin, seal on lõputu stepiavarus. Aga siin on palju metsi, mida olen õppinud armastama. Eriti armsaks on saanud millegipärast Kurtna kant ja kevad Peipsi ääres – siis, kui piibelehed õitsevad. Aga teie kliima ... Mamma mia! Ma ei ole sellega siiamaani harjunud. Mul on kogu aeg külm.

I have no citizenship, neither Russian nor Estonian. I do not want to belong to any state, I would like to be a cosmopolite. Is this bad? But I have my special love for Estonia. I think you have a very good country, a good state. Thinking of my future, however, I think I'll go back to Kazakhstan one day to take care of my parents. There I was born and it is where I feel most at home, this does not change.

I cannot lie and say I have been totally accepted here, although I feel good here and it is peaceful. My husband comes from the Caucasus and you know the instability there. You would not go out there in the evening and I would fear for my two sons all the time, that they might be conscripted into the army and sent to the front. Stability and peacefulness are the best things in Estonia, I feel safe here.

I have found many friends here. Mostly among Russians, though, but there are a couple of Estonian families, too. Maie and Ants, for example— the parents of my elder son's Estonian girlfriend who live in Kohtla-Järve. You cannot even imagine what kind of tasty pies Maie can bake! And Ants, in his turn, makes wonderful mushroom dishes and excellent salt fish. He also teaches me Estonian ditties. I think it best to learn the Estonian language and about their traditions straight from the people.

As for the language, I am a little shy about speaking, I am afraid to make silly mistakes. But I am glad I understand quite a lot already. I switch on my TV in the morning, watch the news and listen. Now I think we made a mistake by putting our sons in a Russian school, they should have got their education in the Estonian language. Without the Estonian language, it is impossible to get on here. I myself have two higher degrees but I am still unemployed … I will not give up, though, I am going to learn the language. It is normal to know the language of the country where you live.

Estonian people are rather reserved and uncommunicative but they are kind. I like that they are concrete, calm, orderly and honest. What they think they say. Furtiveness and guile are seldom seen. If I were to wish you something, it would be this: Don't stop doing what you're doing. Go on—improve your economy and put things in order. Do not forget your traditions, your unique handicrafts and old songs. Keep them dear and make them even more popular.

In Kazakhstan, where I was born, there is unlimited space in the steppes. But I have learned to love the woods here. Especially dear to me are the places around Kurtna and spring on Lake Peipsi when the lilies-of-the-valley are in blossom. But the climate …. Mamma mia! I have not grown used to it. I am cold all the time.

Aigi Vahing Tallinnas Kultuurikatla õuel.
Aigi Vahing in the yard of the Kultuurikatel in Tallinn.

"On see sinu linn?" küsib küllatulnud sõber, elupõline moskvalane New Yorgi kohta. Ütlen, et ei tea veel. "Järelikult pole," vastab ta. Ma ei vaidle vastu, vaikin hoopis. Hiljem mõtlen, et see on pigem nadi, kui 34-aastane inimene ei tea veel, kas ta elab oma linnas või mitte.

Enne New Yorki elasin Los Angeleses. "LA ei ole linn," ütlevad linnainimesed.

Los Angelesse kolisin Tallinnast, Tallinna Helsingist. Enne seda elasin Vaidas, linna lähedal maal, ja enne Vaidat Virtsus. Lapsena Virtsus kirjutasin kirjasõbrale Venemaal, et ei hakka eales linnainimeseks. Nüüd saan kirju 47. tänavale 557. majja.

Suvel Eestit külastades kutsub sõber Virtsu. Ta on sinnakanti ühe vana maja ostnud. Kohale jõudes viskan mahapõlenud sauna vundamendile pikali, vaatan taevast, kuulan kiili põrinat, heina kahinat, pilliroogu ja kruusa häält, kui mõni auto mööda sõidab, ning kajakate kisa ja veel midagi. Midagi, mis summutab mujal elatud aastate, olevikutahtmiste ja tulevikuhirmude katkematu hälina. Nii tugev on see uus hääl, mis kõneleb, et kuulun siia, selle poolsaare peale, selle mulda, heintesse ja puulatvadesse.

Õhtu eel lähme ujuma. Kallas on kivine, kivid on teravad, libedad, vesi on külm. "Hüppame ainult korraks sisse," ütleb sõber. Aga jääme kauemaks. Kui veest välja tuleme, sõidame linna tagasi.

"Sa sured seal, kus sündisid," ütles kevadel üks India mees mu peopesa vaadates.

"Mul on aiamaal nüüd uus pink," helistab ema. "Ja olen sulle ka maasikaid hoidnud." Lähen külla. "Kas lähme korraks aiamaale ka, muidu hakkab sadama?" Lähme aiamaale. Ema näitab muulukaid ja maasikaid, maitserohelist ja neid piire, kust lõppevad tema valdused ning algavad aiamaa-naabrite peenramaad. "Aigi korjab sealt, ema siit," ütleb ta. Tops maasikaid täis, hakkame koju minema, kui emale meenub: "Oih, pink!"

Seal see on, aarooniapõõsa varjus, pooleldi naabrite kirsipuu all, oranžika lakiga kaetud. Pingi ees on kividest laotud tulease ja vihmast uhutud lauake. "Tore jah," ütlen. "No aga istu ka siis korraks," ütleb ema. Istun.

Istudes ei ole näha, et ema aiamaa on Vaida sovhoosi töölistele rajatud aiamaade põllul. Ka paneelelamud jäävad selja taha. Pingil istujale paistavad kätte kirsipuu, pojengipõõsas, vaarikamüür. "Ma jään korraks siia," ütlen emale. Ema lahkub. Pink on toekas, pikk. Viskan pikali. Nüüd näen ka taevast ja pääsukesi ning seda, kuidas pilved arooniaokste vahel üksteisest eemalduvad. Kirsipuu sahiseb. Tuuleke paitab. "Nagu vanajumala seljataga," ütles ema.

Igugi et mul on mitu erinevat resümeed ja palju rohkem armuseiklusi ning templeid passis, kui mu ema võimalikuks peab, on temal see koht siin – kaks korda kaks meetrit sala-aeda.

"Ma ei teadnudki, et sulle meeldib ka niimoodi romantikat teha," ütleb ema, kui päev hiljem kahekesi pingil istume ja tuld teeme.

"Is this your city?" asks a friend of mine about New York. He's visiting from Moscow. He's a Muscovite, born and raised. "I don't know yet," is my reply. "Then it's not," says my friend. I say nothing. Later on, musing by myself, I find it rather distressing that a 34-year old doesn't know yet whether she lives in her city or not.

I lived in LA before I moved to New York. "LA is not a city," is what city people say.

I moved to LA from Tallinn, Estonia. I moved to Tallinn from Helsinki, Finland. I lived in Vaida before that. Vaida is a small place in the outskirts of Tallinn. I lived in Virtsu before moving to Vaida. Virtsu is an even smaller place, a peninsula by the Baltic Sea. When I was a child in Virtsu I wrote to my pen pal in Russia that I would never become a city person. I receive my letters at 557 47th Street now.

A friend of mine invites me to Virtsu when I'm in Estonia this summer. He's bought an old house there. When we get there I lie down on the groundwork of a burnt-down sauna, I gaze at the sky, I listen to the dragonflies buzzing, the whispers of hay and reed, the sound of gravel on a road when a car drives by. I hear the seagulls shrieking afar but I hear something else too. Something that quiets the constant babble of all the years lived elsewhere, something that mutes the noise of my present ambitions and calms my fears of the future. So loud is that new sound which tells me that this is where I belong. I belong here, on this peninsula, in its soil, in its grass, in the crowns of its trees.

We go swimming in the afternoon. The shore is rocky, the rocks are sharp and slippery, the water is cold. "Let's just jump in and out," says my friend. But we stay in for longer. We drive back to the city when we get out of the water.

"You will die where you were born," an Indian guy told me, looking at my palm last spring.

"I've got a new bench in my garden patch," my mother calls me. "And I've kept some strawberries for you." I go to visit her. "Shall we stop by the patch now in case it starts raining later?" she asks. We go. Mom shows me her strawberries and her wild strawberries and her herbs and the borders where her plot ends and other people's allotments begin. "Aigi picks there, Mom here," she says. When the cup is full of strawberries we set out to leave. But then my mother remembers. "The bench!" she exclaims.

There it is, in the shadows of a chokeberry bush, partly under the neighbouring plot's cherry, varnished orange. There's a stone-edged fire ring in front of the bench and a faded table. "Yeah, nice," I say. "But sit down then for a moment," my mother says. I do.

Sitting down you can't see that my mother's allotment is on the field of many other plots that were given to its workers by former Soviet Vaida state farm. Sitting down you can't see the Soviet panel houses either. You can only see a cherry tree, white, and pink and red peonies and a wall of raspberries. "I'll stay for a little while," I tell my mother. She leaves.

The bench is solid, long. I lie down. I can see the sky now and swallows flying around and the clouds withdrawing from each other through the branches of the chokeberry bush above me. The whispering cherry. The gentle breeze. "Like behind God's back," my mother once told me.

Although I have several résumés, many more love affairs and stamps in my passport than my mom could think of, she has this place here, two times two metres but a secret garden nevertheless.

"I had no idea Aigi likes to be romantic like this," says my mother when we sit on the bench, the two of us, by the campfire a day later.

"Ei tulnudki meil midagi välja," ütlen mehele viimaks vanalinna ees välikohviku laua taga. "Ei tulnud jah," ütleb ta. Mees on rattaga. Tal on kella peale minek. Maja seinal on kell. Mees vaatab ringi, vaatab aeg-ajalt kella, suitsetab. Mina vaatan kella tihedamalt. Sõber jalutab mööda, küsib suitsule tuld. Mees annab. Räägime juttu. Sõber lahkub. Vihma hakkab tibama. "Mul on okei, kui sul on," ütleb mees. Ütlen, et mul on okei. Jääme istuma. Vihmasadu lakkab. Mehel on kohv otsas, mul on pool joomata. Mees peab minema hakkama. "Lasen kaasa panna," ütlen ma. "Mis sa ikka sest kohvist kaasa võtad," ütleb mees. "Jah, mis ma tast ikka kaasa võtan," olen nõus. Tõuseme püsti. "Ma saadan su koju," ütleb mees.

Jalutame läbi vanalinna, temal on ratas lükata. Ratas rapub munakividel, kuid mees hoiab lenkse tugevasti peos. Koduni on veel mõnikümmend meetrit maad, kui ütlen, et keeran nüüd paremale. "Kuhu?" vaatab mees ringi. Näitan kirikuhoovi poole. Mees vaatab mulle arusaamatult otsa, aga mul on päikeseprillid ees. "Noh, head aega siis," ütleb ta sõbralikult, teeb musi ja lükkab ratast edasi. Keeran hoovi.

Istun sooja kirikumüüri vastu maha. Vaikus, tuulevaikus, päike. Nii sõbralik on kõik mu ümber. Nii rahulik ja suvine. Nii suures vastuolus sellega, kus ise viibin. Mõned turistid, kes maja taha tulevad, kõnnivad kiirelt minema. Punt vene noori aga jääb. Üks tüdruk hakkab mind vaatama. Tõusen püsti, lähen koju. Hommikul ärkan korraks, magan edasi. Magan poolde päeva. Nii mitu päeva. Viimaks helistan piletikassasse ja määran tagasilennu kuupäeva.

Ma ei ole rahvuslane. Pole eales olnud. Ma ei ela kaasa meie iibeprobleemidele ega tunne hirmu eesti keele kadumise pärast. Vastupidi – olen veendunud, et eesti inimene oma keele ja kõige muuga on kui rohi, nagu kelluke, mis kasvab läbi kivimüürigi, kui vaja, ning õõtsub seal siis vildakalt ja üksi, aga kergelt, justkui oleksid ta juured aasal pehmes mullas omasuguste hulgas.

Ma ei tunne eestlastega kokkukuuluvust, ma ei tunne hirmu meie tuleviku pärast. Mis mind aga kurvastab, on mõte sellest, et mu tulevased lapsed võiksid olla ainult pooleldi eestlased. Mõttevirvenduski sellest, et võiksin edaspidi kõneleda õrnusi vaid võõras keeles, kurvastab mind veelgi enam. Eesti keel on kahtlemata kauneim sõnalisteks hellusteks.

"Võta mind kaissu," ütlen mehele lahkumise eel. "Ära kurna," ütleb ta. "Võta mind kaissu," ütlen ma. Mees keerab end minu poole ja võtab mu oma käte vahele – distantsiga ja nurgeliselt. Uinudes tunnen, kuidas ta mu ihu vastu vajub ja meie südamed koos lööma hakkavad.

"Esimesed mõtted Eestist?" on esimene küsimus selle loo sisu suunaval juhisel. Nagu katkematu tähis pikal maanteel, seondub minu jaoks Eestiga esmajoones valu. Huum. Tume valu, millel on Eesti päritolu.

Teel New Yorki mõistan, et pean suutma läbi kõigi nende kivide siin kasvada, et viimaks oma kodus, aasal, kergelt õõtsuda. Kui nii, siis on New York ikka jah minu linn.

"So nothing came of you and me," I say to a guy at a terrace table of an Old Town café after some talk. "True," he says. He's on a bike. He needs to be somewhere else in an hour. There's a clock on the wall of the building nearby. The guy looks around, glances at the clock now and then, smokes a cigarette. I glance at the clock more frequently. A mutual friend walks by, asks for a light. The guy gives him a light. The three of us exchange a few words. The friend leaves. It starts raining—a light drizzle. "I'm fine if you're okay," says the guy. I say I'm fine. We remain seated. The drizzle stops. The guy has finished his coffee, I've drank half of mine. It's time. "I'll take my coffee to go," I say. "What for?" he asks. "Yeah, what for," I agree and stare at the coffee in my cup. We get up. "I'll see you home," says the guy.

> We walk through the Old Town, he's pushing his bike. The bike bounces on the cobblestones but the guy's got it in a firm grip. We're almost there when I tell him that I'm going to make a right now. "What do you mean?" asks the guy looking around. I point at the yard nearby, it's a churchyard. The guy looks at me, unclear. "Okay, good bye then," he says affably, kisses me and leaves, pushing his bike onwards. I enter the yard.

I sit against the sun-heated church-wall. It's quiet here, and still, and warm, and sunny. So friendly all around me. So peaceful and summery. In such a discord with everything inside me. Some tourists walk by but rush away. A group of Russian youths stays. A girl starts looking at me. I get up and leave. I wake up early next morning but I fall back asleep. I sleep until late afternoon. I sleep until late afternoon every day until I make a call one day and set a date for my flight back to New York.

I'm not a nationalist. I've never been a nationalist. I don't identify with our birth rate problems. I'm not afraid that our language will disappear. On the contrary—I'm certain that Estonians will grow like grass, like stubborn bellflowers through stone walls if needed, and sway there, in the wind, alone and lopsided, perhaps, but lightly, just like those rooted on the softest meadow, in their native soil, amongst their kind.

> I don't feel connected to Estonians neither do I feel fearful about our future. What makes me sad though is the possibility that my would-be children might be only half Estonians. And just a thought that I might end up sharing tender words with someone in another language, makes me even sadder. The Estonian language is unquestionably the most graceful language for verbal tenderness.
>> "Put your arms around me," I tell the guy before I leave. "Don't drain me," he says. "Put your arms around me," I say. The guy turns over and puts his arms around me—angularly, distantly. Falling asleep I feel how he falls against my body and our hearts start beating as one.
>> "First thoughts about Estonia?" is the first question on the list of themes for this story. Like a unbroken marking on an endless road, my first association with Estonia is pain. Deep dark pain that is rooted in my native land.
>>> On my way back to New York I realize that I must grow through all these stones here to be able to sway lightly on the meadow of my native soil one day, perhaps on that peninsula. If so, then yes, New York is my city.

Me läheme ja
kõigutame tallinna
kohal jalgu me

oleme kõigist
kõrgemal ja kõige
kõrgemal üldse me

oleme vabad
ja tuul puhub ning linnud
laulavad nii ilusasti me
kraabime endi alt lahti
kuivanud roostetükke laseme
päikesel üksteist kõrvetada
ultraviolettkiirtega ja
vihmal sadada otse
lagipähe me

läheme ja
kõigutame tallinna
kohal jalgu sööme
kapsapirukaid ja
rüüpame peale külma
kalja arvestamata et täna
on pöörituul

Janno Pikat

We go and
dangle our legs above
tallinn we

are higher than
anyone else and most
high highest we

are free
and the wind is blowing and birds
sing so beautifully we
scrape dried pieces of
rust from under us let
the sun burn us
with ultraviolet rays and
rain fall down straight
on top of our heads we
go and
dangle our legs above
tallinn eat
cabbage pies and
gulp cold
nearbeer not taking into account that today
is the solstice wind

Janno Pikat

according to her confession Vaishnav Gaudia Madhave
Brahma Sampradaya, fashion and textile designer
with Ukrainian roots.

Vassilissa Tallinna Linnahalli juures.
Vassilissa at the Town Hall of Tallinn.

Minu mälestused ning kiindumus nendesse mälestustesse teevad
Eestist minu kodu. Nii veider kui see ka pole, on Tallinna lennujaam
minu jaoks olulisim Eestiga seotud sümbol. Lapsena reisisin
vanematega tihti ja lennujaamast sai nii oodatud koduvärav, mis
meid esimese asjana tervitas. Mäletan seda niisugusena, nagu see
kaheksakümnendatel oli: pidulik must ja läikiv punane – kõige
efektsem ja ekstravagantsem kõigist lennujaamadest, kus olin käinud.
Teine isiklikult oluline märk Eestist on Muhu saar. Eks Eesti lõhn olegi
soolane merelõhn, mis muudab erksaks ja annab jõudu. Värvilisteks
silmadeks on lilled Muhu sussidelt ning viisiks Muhu naiste laulud. Mulle
meeldib, et sealsed inimesed ei võta sind niisama omaks, ja kui võtavad,
siis tunned, et selles kontaktis on mingit sügavust.

Muhu saarel mõtlen ma kõige suurematest asjadest ja kõik
paistab ühtäkki väga selge – see on niisugune tunne, et siin
on varemgi olnud palju neid, kes mõelnud samu mõtteid.
Ning nüüd lendavad kõik need vastused õhus.

Eestlane kaitseb end omapärase sarkasmiga – terava ja ироonilisega. Siin meenub
mulle suurepärane Snaut, keda mängis Jüri Järvet Andrei Tarkovski "Solarises".
Meenub stseen, kui peategelane Kris hakkas südant avama ja end analüüsima.
Ning Snaudi aimdus, et see jutt võib ka teda panna alateadvust avama (aga seda
ta ei tahtnud kollektiivselt arutada), pani ta irooniliselt ütlema: "Mulle paistab,
et veel natukene ja me hakkame siin elumõttest rääkima."

Eestlasel on vaja, et tal oleks ainult iseendale reserveeritud sisemine ruum, kus ta
mõtleb oma mõtteid – sellest ei pea kellelegi rääkima, liigne sõnastamine labastaks
seda siseruumi. Niisuguses siseilma kaitsmises on midagi sarnast jaapanlastega:
sisemuses pakitsevad mured ja hirmud jäetakse ainult enda teada. Hinge jõudmiseks
on vaja palju aega ja pühendumist ning isegi siis ei ole garantiid, et eestlane avab
ennast. Sisemine tundlikkus on ikka väliselt külma maski taga: kik pala sünnis küll
süvva, aga kik sõna ei sünni mitte kõnelda.

Veel on eestlased muidugi töökad, armastavad väga puhtust ja korda. Ja uhked –
eestlase jaoks on tähtis olla oma alal parim. Veel on eestlaslik hirm näida naljakas,
naiivne või liiga emotsionaalne. Tundub, et selline hirm võib jätta ilma võimalusest
kogeda midagi uut.
Võib-olla väiksele rahvusele omaselt on eestlaste
tarkuseks teadmine, et suured asjad sünnivad väikestest.
Eestlased ei meeldi mulle ainult siis, kui unustavad, et
nad on inimesed ja nende ümber on teised inimesed.
Sellises hoolimatuses on midagi
kosmopoliitset, mis mind hirmutab.

Olen kostüümikunstnik filmis, mille võtted toimuvad Odessas. Seetõttu pendeldan
pool aastat tihedamalt Ukraina vahet. Muidugi on sealsed inimesed jutukamad,
temperamentsemad, kiiremad ning kavalalt värvilise huumoriga. See annab Odessale
tonaalsuse ning Eestil on oma värvid. Mulle meeldibki, kui igaüks on oma orbiidil.
Nagu Päike ja Kuu – ma ei taha midagi keskmist, las nad olla ikka eraldi.
Kui ma Odessas eesti keelt kasutan, siis arvatakse, et
räägin päkapikkude ja muinasjuttude keeles.

My memories and love for these memories make Estonia my home.
As strange as it may seem, the Tallinn Airport is the most essential
symbol of Estonia for me. I remember it as it was in the 1980s—festive
red and glossy black. I often travelled together with my parents when
I was a child and thus the airport was the longed-for gate home,
greeting us when we returned. It is a warm and lovely airport.
      The first memories of home itself, though,
are connected with ships. My childhood passed in Kopli,
close to the terminus of the tram line, where are many
ships, much sea and wind. A child's curiosity usually
defeats fear and so we used to sneak in to see the old
battleships in the guarded harbour. The guards often
caught us and serious conversations with parents,
sometimes accompanied by birch-rod, followed.

The other essential symbol of Estonia is the island of Muhu. The smell of Estonia
is the briny smell of the sea that awakens and energizes you. Estonia looks at you
through the colourful flowers embroidered on Muhu slippers. And the sound
of Estonia is hidden in the songs of Muhu women.

    Estonians protect themselves with a peculiar
sarcasm—bitter and ironic. I cannot
help remembering the wonderful Snaut
in Andrei Tarkovsky's Solaris, played by Jüri Järvet.
      Like the Japanese, the Estonians do not open
up easily, the deeper worries and fears are kept
to themselves. To get close to them takes time and
effort and even after much of both you cannot
be sure that the Estonian will unwrap himself.
The inner sensitivity is always hidden behind
a rather cold mask—every food can be eaten but
not every word can be said, they believe.
Estonians are hardworking, love cleanliness and order above all.
And they are proud—it is terribly important to them to be the best
in their field. And perhaps it is characteristic of them as a small
nation to believe that from small acorns great oaks grow.
      The only time I do not like Estonians
is when they forget that they are human
beings among other human beings.

      In Ukraine they say that the Estonian
language must be like the tongue
of fairy tales and dwarfs.

kolis Raplast Tallinna, et jätkata Otsa-koolis muusikaõpinguid – õppida koorijuhtimist ja tegeleda ka heliloominguga. Kui tema nägu on tuttav, siis olete teda ehk näinud filmis "Klass" või Vigala jõe ääres jalutamas.

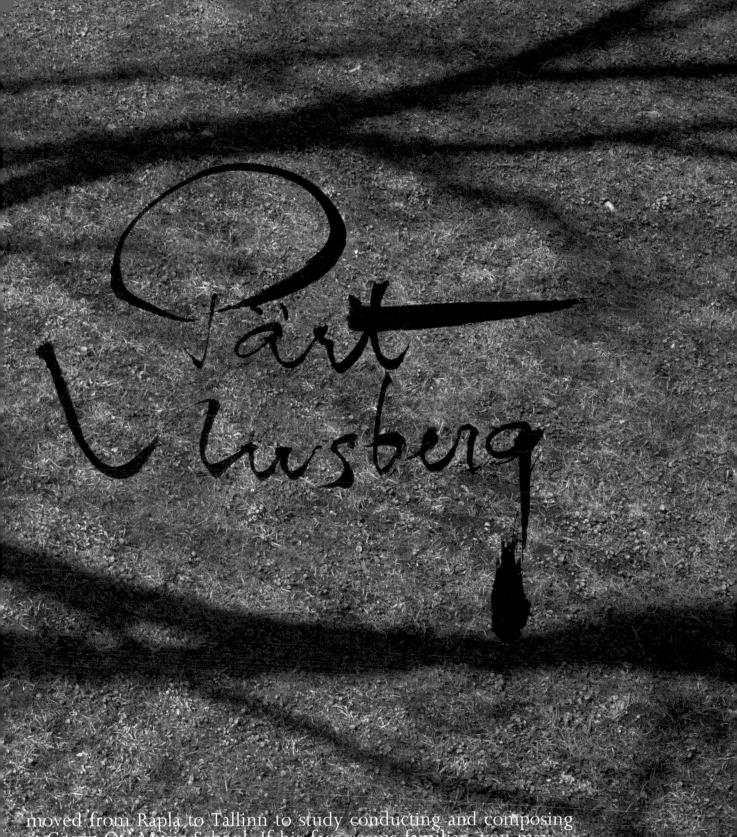

Pärt Uusberg

moved from Rapla to Tallinn to study conducting and composing at Georg Ots Music School. If his face seems familiar, you may have seen him in the film The Class but quite possibly also walking on the banks of the Vigala River.

Pärt Uusberg Hirvepargi murul.
Pärt Uusberg in Hirvepark.

Mõeldes sõnale "Eestimaa", tuleb esimesena pähe fraas: "Ilus on maa, mida armastan!"
Olen enda jaoks selle mõtte ka muusikasse kirjutanud väikese lauluna – ehk selles laulukeses
väljendubki kõige selgemalt ja ausamalt minu suhe kodumaasse, tegelikult üldse maailma …

Kui elada suures linnas, kivist maailmas, siis võib kaduda kontakt
selguse ja iluga. Praegu on nii, et õpin Eesti suurimas linnas
Tallinnas, aga igal vabal momendil käin sünnikodus Raplas, mis on
väike linnake, kus mets ei ole kaugel ning inimesigi piisavalt vähe,
et üksteist märgata.

Eestimaa loodus on ilus, hingelähedane. Olen natuke ka Euroopas ringi reisinud,
päris suuri mägesid näinud, need on ka väga ilusad. Maailm ongi ilus … väga
ilus … Aga sügav armastus ja side saab tekkida vaid ajaga ning nii on mul tugev
side Eestimaaga. Ma armastan seda maad.

Eestimaast on saanud justkui pereliige, kellest eriliselt hoolin, kellega
koos rõõmustan, kurvastan – me oleme üksteist taltsutanud nagu väike
prints ja rebane A. de Saint-Exupery raamatus "Väike prints".

Samal ajal on minu jaoks rahvused tegelikult ainult inimeste väikesed
variatsioonid, mis muudavad maailma värvilisemaks, mitmekesisemaks.
Kokkuvõttes oleme kõik vennad ja õed suures inimkonnas …
Ei meeldi selline mõiste nagu "uhkus" rahvuslikkusest rääkides, üks rahvus ei ole
teisest parem ega halvem, on lihtsalt palju erinevaid, suurepäraseid rahvuseid,
omapäraseid keeli, tavasid, looduspilte. Nii nagu igal lapsel on eriline side oma
emaga, on ka igal rahvusel eriline side oma maaga, erilisust ei saa mõõta …
Inimene aga on väga sportlik olend ja tahab kõike võrrelda mõõdupuuga.

Olen täielikult igasuguse militarismi vastu, see on väga ebainimlik – kurb, et
see on osa meie maailmast ja just seotud võitlusega rahvuste ning usundite
vahel. Militarismi põhjus ongi liigne uhkus, mis tuleneb liigsest enesekindlusest.
Enesekindlus üksinda on tegelikult enesekeskne, kitsa vaatega seisukoht, arvan, et
eneseusk on palju avaram mõiste. Ka mis tahes rahvus võiks endasse uskuda, aga
olla avatud kõigele ümbritsevale, mitte sulgeda end uhkelt iseenda kindlusesse …

Ka muusikas ei väljenda minu jaoks kõige ausamalt suhet kodumaaga punnitatult reipad,
uhked rahvuslikud hümnid. Mulle on oluliseks saanud kaks Eestimaa vastu armastust
suurepäraselt väljendavat laulu: Juhan Aaviku "Hoia, Jumal, Eestit" ning Gustav Ernesaksa
"Mu isamaa on minu arm". Viimase sõnade autor Lydia Koidula on oma luuletuses
liigutava soojuse ja hella inimlikkusega väljendanud armastust isamaa vastu. Usun üldse,
et just kunst on see, mis väljendab kõige puhtamalt, hingelisemalt inimese sidet olulisega,
ka kodumaaga. Eestimaast on kirjutanud meie oma kirjanikud imelisi luuletusi, laule,
kunstnikud kauneid pilte maalinud, mis on veenvad liigse paatose ja uhkuseta.

Eestlane on loomult kinnine, kergelt kurvameelne ja alandliku meelega, kuid seejuures heasüdamlik
ja töökas. Mulle meeldib meile kaasasündinud introvertsus, sest see avab tee sisemaailma, mis
on tegelikult kõige olulisem uks, millele koputada. Siiski võib liiatine sissepoole elamine olla
ebatervislikult kurnav. Eestlane on seestpoolt kui Eestimaa aastaajad: värviline ja lüüriline, mitte
toretsevalt suur ega vulkaaniliselt ettearvamatu. Vaadake Eestimaa loodust ja saate aru ka eestlasest.

Oleme väike kokkuhoidev rahvas. Loodan väga, et edaspidi ei peaks me kunagi
enam kokku hoidma sõjas, vaid ainult rõõmsatel hetkedel. Peaksime väga
alandlikult suhtuma meid ümbritsevasse ilusasse loodusesse, et me linnud ikka
meil und laulaksid ja me põrmust ilusad lilled õitseksid …

Thinking about the word "Estonia", the first phrase that comes into my head is: "Beautiful is the land that I love!" I have composed this phrase into my music as well and think it is my most sincere attitude to homeland, probably to the whole world …

> Living in a big town always threatens to deprive you of beauty and clarity. Although I am studying in Tallinn today, in the biggest city in Estonia, whenever I can I go home to Rapla, which is a small town, close to the woods and with few people that you notice everybody.
>
> Estonian nature is beautiful and close to my heart. I have seen a little bit of Europe and seen mountains—they are beautiful as well. The world is beautiful, very beautiful indeed … Deep love and ties, however, can evolve only as time goes by and my ties bind me to Estonia. I love this country.

Sometimes it seems to me that Estonia is like a family member, someone with whom I can be happy or troubled. We have tamed each other like the Little Prince and the fox in Saint-Exupéry's book.

As for the people, nations are but variations of different people making the world more colourful and diverse. We are all brothers and sisters in the big mankind … I do not like the word "pride" when speaking about nationalities, no nation is better or worse than another, there are but many different, wonderful peoples, original languages, traditions and nature. These differences cannot be measured. Just like every child has a very special bond with his mother, every nation has a special link with their country.

> I am totally against every sort of militarism, it is inhuman and it is so sad that it is such a big part of our world, these fights between nations and religions. Hubris and self-pride are the main reasons for them. I am not talking about self-confidence—that is a much wider concept. Every nation is welcome to have self-confidence but should at the same time be open to the surrounding world.

In music I do not find bonds with my country in jaunty anthems. My love for Estonia is best expressed in Juhan Aavik's "God Save Estonia" and Gustav Ernesaks' "My Native Land, Land That I Love". Lydia Koidula, who wrote the lyrics of the latter, expressed the feelings of this love with warmth and tenderness. I believe that art can express such feelings best of all. Paintings and poems and songs by our own artists are convincing even without pathos and excessive pride.

An Estonian is rather introverted, a bit melancholy and humble but hardworking and good-natured. I like this introverted character, the door to the inner world is just the one to knock on. But too much of it can be exhausting and unhealthy. Estonians can be understood better when one observes Estonian nature: colourful and lyrical inside like our seasons, no huge, spectacular or unpredictable volcanoes …

We are a small nation who can pull together in emergencies and in joy. I do hope we will not need to stick together in wars in the future, only on joyful occasions. We should be able to appreciate our beautiful nature so that our birds will sing and flowers would grow on our final resting place as Koidula once wistfully wrote.

Maire ja Meelis Milder

juhivad Eesti üht edukamat rahvusvahelist ettevõtet Baltika Group.	manage one of the most successful international enterprises in Estonia— the Baltika Group.

Meelis, Maria Johanna ja Maire Milder Pärnu-kodu õuel.
Meelis, Maria Johanna and Maire Milder at home in Pärnu.

Maire: "Erilised kohad elus on alati seotud mälestustega. Mulle oluline ja südantsoojendav koht lapsepõlvest on vanaemakodu Pärnu-Jaagupi lähedal Uduveres, kus veetsin oma suved. Põldudevahelised suured kiviaiad, mida ääristasid pihlakaalleed; rabakarjamaad ja metsad, kuhu ehitasime lepaonne. Heinateod ja hobuse seljas sadulata ratsutamine. Enese avastamine looduses. Ristpistes patjade tikkimine vihmaste ilmadega.

Koht jäi dolomiidikarjääri piirkonda, seetõttu olime sunnitud sellest loobuma. See oli šokk, kui tahtsin lapsepõlve mängumaad Meelisele näidata: selgus, et sinna olid rajatud lõputud põllud; taludeni viivad teed, pihlakaalleed ja kiviaiad olid minema lükatud. Vanaema ilu- ja juurviljaaed oli kadunud. Kuid imekombel oli alles vanaema ehitatud elusuuruses mängumaja, meie lapsepõlve mängustaap. Isegi pitskardinad rippusid veel akende ees! Kui tähistasime vanaema saja-aastast sünnipäeva, siis külastasime talukohta uuesti. Kurb oli veel kord tunnetada, et kõik on pöördumatult muutunud, ning samas tajuda, et see koht viib mind ikkagi veel südames ja meeltes minu lapsepõlve ning manab esile helgeid mälestusi. Tahaks, et igal inimesel oleks selline koht."

Meelis: "Minu esimesed mälupildid on Valgast. Elasime hruštšovkas, selliseid oli seal koos neli tükki. Ühes elasid põhiliselt eestlased, ülejäänud kolmes vene keelt rääkivad peamiselt sõjaväelaste perekonnad. Meil oli ikka omavahel väike sõda, ehkki tagantjärele on raske öelda, miks ... Minu nooruses ei rõhutatud eestlaseks olemist ja rahvuslikku ei tähtsustanud me ka väga – ehk on sellest idanenud minu internatsionaalsus."

Maire: "Minu taust on jälle Meelisest väga erinev: meil kogunes suguvõsa suur pere ikka vanaema juurde. Siis käidi jõulude ajal kirikus hobusega, mängiti lõõtspilli, tehti koduõlut, lauldi lorilaule ... Kuid kõigeks selleks peab sul olema oma juur ja perekondlik järjepidevus. Kui vanaisa suri, siis hääbus ka see traditsioon. Inimesed ja olukorrad hoiavad tavasid. Samal ajal ei surutud meile eestlust peale. Kui ma kunagi küsisin miks?, sain vastuseks, et igaüks elab oma elu ja seda tema oma ajas. Ometi oli minu isapoolne suguvõsa Siberis hukkunud. Tundus, et nad ei tahtnud meie hinge mürgitada, sest nad ei teadnud, mida tulevik toob. Sellises eluvaates on nii alalhoidlikkust kui ka kohanemist. Eks igaüks tunneta rahvuslust erinevalt, see on hinge kasvatamise küsimus. Minu jaoks on see peamiselt isikuvabadus.

Olen alati arvanud, et kodu on eelkõige lähedased. Kuid hiljuti sain uue kogemuse. Meie kodus oli pool aastat kapitaalremont ja tekkis ootamatu stress: ma hakkasin meeletult igatsema seda oma kohta, harjumusi, lõhnu, valgust ... Tundub, et kodu ei koosne ainult inimestest, vaid ka paigast, harjumustest.

Mina olen kasvanud oma majas. Lapsena olin kindel, et tahan korterisse, sest seal ei ole nii palju tööd ning kõik tundus nõnda lihtsam. Aga kui elasime Meelisega vist meie teises korteris, siis ütlesin: "Ma igatsen õhku, ma tahan minna paljajalu murule, ma tahan hommikukohvi juua väljas. Ma ei taha uksest sattuda otse tänavale või koridori. Ma igatsen oma rohelist ruumi ümber kodu." Meile meeldisid Nõmme männid, sealne soe mets ... See on nagu muinasjutumaa, mis meenutab veidi meie unistuste ja noorpõlve Pärnut."

Meelis: "Eestlase omadustest rääkides tuleb kõigepealt pähe ürgandekus. Meie ettevõtmise alusmüür on moedisain ja ma ei jõua ära kiita nii Baltika kui ka Eesti disainerite taset üleüldiselt. Või siis meie sportlased: kui palju supersaavutusi kõige erinevamatelt aladelt. Eestlane on hull töötegija, puhkepäevi nagu polekski. Ja eesmärgikindlus on eestlastele loomuomane. Isegi kui teel selgub, et see polegi kõige otsem tee või eesmärkki pole kõige parem – siis ikka on vaja jonnakalt kohale jõuda. Samal ajal on eestlastes koostöövõimet kahetsusväärselt vähe. Ju see on raskest ajaloost, et me pole eriti avatud ega sõbralikud. Kuid elada sellisena õnnelikult üha avanevas maailmas on keeruline: üha olulisem on oskus suhelda avatult omavahel ja välismaailmaga. Me peaks püüdma enam mõista teistsugust. Kuid siin ei looda ma väga valitsejatele, pigem võiks koolid õpetada lapsi maailma tolerantsema pilguga vaatama.

Maire: "One's special places are always connected with memories. The place that warms my heart is my grandma's home in Uduvere, near Pärnu-Jaagupi, where I spent my childhood summers. There were long dry-stone walls separating the fields, lined with rows of rowan trees; there were pastures and woods, so convenient for building huts of alder twigs and branches. There was haymaking and riding unsaddled horses.

I discovered myself in nature. And on rainy days I embroidered cushions in cross-stitch. "We had to give up this place as an open pit dolomite mine was established there. When I wanted to show my childhood place to Meelis, I got a real shock: we found endless fields, all the village roads, rowan trees and dry-stone walls had been bulldozed. Grandmother's vegetable plot and flower-garden were gone but what a surprise—the playhouse my granny built for us was still standing, even the lace curtains were still hanging at the windows of our childhood headquarters. When we celebrated grandmother's one hundredth birthday we visited the place of the farm again. Once again I was sad that the clock could not be turned back. At the same time, even being desolate, the place took me back to my childhood and brought warm memories. I wish everyone had a place like that."

Meelis: "My first memories come from Valga. We lived in a *khrushchovka**, one in a group of four similar houses. In one of them lived mostly Estonians, in the rest of three people who spoke Russian, mostly families of the military. We did have fights, although it is a bit difficult to say why now. When I was young being Estonian was nor emphasized and we did not pay too much attention to nationality—perhaps I owe my internationalist views to that."

Maire: "My background is quite different from that of Meelis: we had a big clan of relatives gathering at my grandparents' farm. We went to church together at Christmastime, we sang ditties and played the accordion at other times and home-made beer was often brewed. This tradition needs roots and when my grandfather died the tradition went with him. When there are no people who are the keepers of traditions, they become extinct.

"At the same time being Estonian was not forced on us. When I asked once why not I got an answer that everybody lived his life in his own time. My paternal relatives had died in Siberia but my parents evidently did not want to speak about it as they were not sure about their future and did not want to endanger us. It was a sort of sustainable but also adaptable way of life. Everybody feels differently about his or her nationality. For me it means personal freedom above all.

"I have always thought that home means the nearest and dearest, the people. Recently, though, I got quite a new experience. We had extensive repairs at our home for half a year and I encountered unexpected stress: I could not help missing my own place, its light and smells, my habits in connection with it … So it is not only people home is made of …

"I grew up in our own house. When I was a child I was sure I would want to live in an apartment as it seemed so much simpler, with less work and chores. But when we had our second apartment with Meelis I was suddenly sure I needed more air, I wanted to walk barefoot on my own lawn and drink my morning coffee outdoors. I did not want to get straight to the street or even the common stairwell when I closed my door. I wanted green space around my home. We liked the warm forest of Nõmme with its pines. It is a fairyland that reminds a bit of Pärnu in our youth, the place of our youthful dreams."

---

* A khrushchovka was a type-design dwelling of the 1960s, in the construction of which everything was badly built and cramped. The height of the rooms was 2.40-2.50 m, bathrooms and kitchens were tiny and there was mostly only one bedroom. It got its name from the first secretary of the CPSU, Nikita Khrushchev. (Translator)

Vana poliitiline süsteem eeldab, et meil on kaks varianti: kas armastada või mitte armastada oma valitsejaid. Kuid alternatiiv oleks neid ignoreerida. Avatud maailm tähendab ju seda, et mul võib olla palju enam ühistunnet näiteks mõne vene isaga, kel on sama vana tütar kui mul. Poliitikud või valitsejad ei suuda tajuda, et nad ei konkureerigi enam üksteisega, vaid hoopis uue maailmavaatega. Lapsed võiks kasvada teadmisega, et hea on olla sõber naabrilapsega, kuid sõbra võid leida ka ükskõik kust mujalt. Selliseks võimaluseks peab valmis olema."

Maire: "Arutlustes oma lähedaste kolleegidega teistest riikidest olen tõdenud, et eestlasega suudavad paljud koostööd teha, me sobime rahvusvahelisse korporatsiooni. Miks? Me oleme oma firmas tolerantsed. Teistest rahvustest kolleegid ei tunneta, et neid ei aktsepteerita. Rahvus pole oluline. On rahvuseid, kes ei jäta eales oma päritolu toonitamata – eestlane seda ei tee."

Meelis: "Me oleme väikerahvas ning see on õpetanud meid arvestama teistega, see on rahvusvaheliseks muutumisel abiks. Seetõttu, et me oleme väike, ei peaks meil olema suurriiklikke ambitsioone ja sõjakust – selliseid on lihtsam aktsepteerida.

Kuid mul on süvenemas mulje, et oleme teelahkmel. Ma ei ole viimasel ajal eriti vaimustunud meie poliitilisest eliidist, kuigi valitsejate valikud on andnud võimaluse teatud teemade üle mõtiskleda ja avalikkuses diskuteerida: pronkssõdurid, ristikujulised ausambad, vaenlase otsimine ... On võimalik istuda minevikus ja rääkida meie kangelaslikust vabadusvõitlusest. Kuid mis ikkagi teeb Eestist erilise riigi ülejäänud sadade seas? Igal riigil on oma lugu, võib-olla palju suurem, palju keerulisem, palju valusam ... Valik on selle vahel, kas vaadata seljataha ning mõelda oma hirmudele ja riskidele, mis ajalooga kaasa tulevad. Või tunda end pigem suure maailma osana ja seda oma lähtekohast aidata arendada.

Hea on vaadata meie lapsi – nemad on enda jaoks tuleviku hapra maailmapildi suutnud luua. Hiljuti olime sõpradega puhkusel Šveitsis ja ühel õhtusöögil tekkis lauluvõistlus kõrvallauas istuvate itaallastega. Kui ooperid olid võidu ära lauldud, valisid naabrid viimaseks lauluks Itaalia hümni, mille peale meie lapsed alustasid kohe "Mu isamaad". See oli kaunis. Kuid tütar küsis ühel päeval minu käest, kuidas on vene keeles "tere", et vene rahvusest klassiõde üllatada. Loodan, et meie, täiskasvanud, aitame areneda sellel uuel, koos meie lastega kasvaval Eesti-nimelisel maailma osal ..."

Maire: "Miks me ei näe suurt maailmapilti? Miks takerdume väiksesse? Olen töö tõttu sõitnud palju mööda eri riike. Kui palju ilusaid maakodusid olen näinud! Eestis ringi sõites kahjuks ei näe just eriti sageli sellist ilu. Mida oleme teinud valesti, et nii palju asju on lõhutud ja me pole suutnud säilitada järjepidevust? Loodan, et me väärtustame tulevikus enam oma kodukanti.

Meie lapsepõlv, meie elatud elu annab meile mälu, meeleolu, tunded ... Oma lapsi vaadates on selge, et maailmapilt ning ka arusaam Eestist on neil teine. Mulle meeldib nende tolerantsus ja avatus ning maailmakodanikuks olemine, samal ajal ka nende Eesti-armastus."

Meelis: "Speaking about characteristic features of Estonians I have to think about some inborn gifts first of all. Our enterprise is based on design and I can never praise the talents of the Baltika and Estonian designers enough. Or, take our athletes! How many real achievements in different fields! Estonians work a lot and seem to have even no Sundays sometimes. And Estonians are purposeful. Even when the goal proves to be far from the best and the way to it is not quite direct—they stubbornly seek the goal desired. Unfortunately, Estonians have very little aptitude for cooperative activity. It might come from our difficult past, we are neither open nor overly friendly. Remaining that way in a continuously globalizing world will make it more complicated for ourselves. We need more skills in communication among ourselves and with the world around us. We must try to understand the different more. I don't expect the authorities to do it, but I do think schools should teach children tolerance about the world.

"The old political system dictates only two options: to love or not to love our rulers. My alternative would be to ignore them. I might have much more in common with a Russian father whose daughter is as old as mine. The politicians or rulers do not perceive that they do not compete with each other but with the new ideology. The children should grow with the idea that it is nice to be friendly with the kid next door but friends can be found all over the world."

Maire: "I have experienced myself and heard it from my friends and colleagues as well that many people can collaborate with Estonians, we fit in the international corporation. Why? We are tolerant in our company. Colleagues of other nationalities do not feel that they are not accepted. Nationality does not matter. There are some nations who never forget to emphasize theirs, but Estonians do not do it."

Meelis: "We are a small nation and this has taught us to consider others, it helps us on the way of becoming international. As we are small, we should not have the same ambitions and militarism that the big nations have and if we manage that, we would be more easily accepted.

"Nevertheless, I cannot help feeling that we are at a crossroads. I have not recently been happy with our political elite, although some choices they have made have given us reason to argue, discuss and think about such things as bronze soldiers, cross-shaped monuments and looking for the enemy ... It is possible to stay in the past and speak about our heroic fight for freedom. But as every country has its story, perhaps even more hurtful than ours, we should not do it but feel ourselves a part of the great world and help to develop it how we can.

"It is good to look at our children—they have created their vision of the world already. Recently we had a holiday in Switzerland and during supper somehow started to compete with the neighbouring table in singing. Having sung all of the opera arias we knew, the Italians finished with the Italian anthem. Our children followed suit with the Estonian national anthem. It was beautiful. One day, my daughter wanted to know what the Russian for *tere* (good morning) is, as she wanted to surprise her classmate, a Russian girl. I hope that we grown-ups can help our children develop this part of the world that is called Estonia."

Maire: "Why do we not see the big picture? Why are we hung up about the small one? Due to my work and duties I have travelled a lot in different countries. How many beautiful homes I have seen! In Estonia I have not seen this kind of beauty. What have we done wrong that so many beautiful things have been destroyed and there is no consistency? I hope we will appreciate our home more in the future.

"Our childhood, our life is in our memory, in our feelings and moods ... Looking at my children I see how different is their world view and also their feeling for Estonia. I like their tolerance and openness, their being ready to become citizens of the world while at the same time loving Estonia."

Külm kauge päike
kuidas soojendab südant
sumin mesipuus

Jaan Kaplinski

Cold distant sun
How the hum in the beehive
Warms the heart

Jaan Kaplinski

kirjanik ja diplomaat, kes praegu seisab Eesti asja eest Riias resideeriva suursaadikuna.

a writer and diplomat who at present is the ambassador of Estonia to Latvia, residing in Riga.

Jaak Jõerüüt Islandi väljakul Tallinnas.
Jaak Jõerüüt in Iceland Square, Tallinn.

Vahel küsitakse, kas vanavanemate lugusid ja heietusi mäletad. Aga mina mäletan, et vähe heietati, sest Stalini riigi külvatud hirm hoidis suud lukus. Nad vaikisid. Ehkki neil oli palju keeli suus. Emakeelne tõde oli kardetav ja võõrkeeled olid üldse ohtlikud. Nad suhtlesid vanasti riigi koorekihiga ja välisdiplomaatidega. Nad olid vanadest jõukatest suguvõsadest pärit. See kõik tähendas, et kui Vene võim tuli, siis võeti neilt ka kõik, mis võtta andis, enamik maisest varast ja kogu nende elu vaimne aluspõhi. Üks vanaisa põgenes sõja lõpus Saksamaale ja suri seal aasta enne minu sündimist. Mu Rootsis elanud tädi hoidis oma isa hauda ühe Hamburgi lähedase väikelinna kalmistul alati korras. Aga kohalik võim likvideeris ükspäev eestlaste kalmud sugulastele teatamata. See juhtus 80-ndatel. Nii et seda hauda ma ei leia. Mul on ta kirjad DP-laagrist ja mõned muud paberid. Üks vanaisa viidi Siberisse, aga teda ma pärast siiski nägin. Mina, poisike, olen temaga oma sõrmede pikkust mõõtnud – mõlemal olid pikad ja ühesugused. Vanaemasid nägin küll ja mõnda vanaonu ka.

Vanavanemate suvehäärberi krundil Rannamõisas peeti 1941. aastal selline lahing, et krundi ühes nurgas olid sakslased ja teises venelased. Tulistamine algas ootamatult, perekond puges köögi alla keldrisse. Maja lasti peal põlema. Siis roomasid nad välja, metsa. Teised pääsesid, aga vanaema õde sai kuuli selga ja suri mõne päeva pärast. Mu vend sündis mõne kuu pärast, ta oli ka seal keldris olnud. Maja läks, siis läks terve riik, siis tuli riik tagasi ja ema sai krundi tagasi. Sümboolne lahing, sümboolne tulekahju, sümboolne lugu.

Ma olen kõigist nendest inimestest mõtelnud palju ja olen nende lugusid tagantjärele mingil määral taastanud. See on olnud mulle väga õpetlik. Ma tean, kuidas end sada ja sada viiskümmend aastat tagasi üles töötati, kuidas ja kus õpiti. Ma tean, kust ma tulen.

Mul on nende vaikimisest kahju, sest kui nad oleks vähemalt mõne asja ära rääkinud, oleks ma mõnest asjast ka oma elus varem aru saanud. Aga ma mõistan neid ja nende hirme tagantjärele väga hästi. Ma olen neid vahel unes näinud. Ma mäletan neid. Nende, nii surnute kui ka elavate vaikimine on olnud nende lugu minule. Kõnekam kui paljud räägitud lood.

Eesti on mu kodu sel lihtsal ja vääramatul põhjusel, et ma olen Eestis sündinud. Kui ma millegi üle olen elu jooksul üldse kõige pikemalt mõtelnud, siis selle üle, miks just siin. Mis kogemust ma siit otsin? Mulle võib meeldida mõni muu paik maailmas rohkem, aga see meeldimine jääb alati suhtesse Eestiga, mitte millegi muuga. Kui mujal ei meeldi, siis seegi on seotud Eestiga. See on ainuke maa, mille eest tuleb vastutada. Mujal on ainult võimalused ja see pole pooltki see.

Eestlane on maainimene, linnast ei tea ta suurt midagi. Eestis on vaid mõni väikelinn ja neidki rikutakse praegu suure hooga, ehitatakse totaalseid aguleid, arvates, et see ongi linn. Aga ka maainimesena on eestlane imelik, valmis loodust ohverdama autode, autoteede, majakolakate, tööstusmonstrumite ja üleüldse mis tahes mehaanilise ning tehnoloogilise nimel. Mered tõmmatakse tühjaks, õued lagedaks, alleed saetakse kändudeks, pargid ehitatakse täis. Eestlane on hull mehhanismide, seadmete, masinavärkide ja igasugu vidinate järele.

Eestlane on visa töötama ja visa vimma kiskuma. Ta ei täna, ega kiida. Viriseb pisiasjade üle alatasa ja vaidleb vastu kõigele, peaasi, et vaielda saaks. Arvab, et õige töö on ainult kätega tehtud töö, mitte peaga.

Aga eks eestlane ole ka väga segatud verega, ühe rahva seas leidub vastandlikke tüüpe, nii et eestlaste hulgas võib ootamatult kohata inimesi, kes on lahked ja ülevoolavad nagu Vahemere äärest või absurdinaljamehed nagu Monty Pythonist välja astunud. Pole ühtset rahvust. Bründid ja blonetid läbisegi.

Sometimes it is asked whether we remember the tales our grandparents told us. But what I remember is that very few tales were told as the fear disseminated in Stalin's state kept people quiet, even when they could have spoken in several languages. The truth in one's mother-tongue was hazardous and foreign languages were dangerous. My grandparents were acquainted with the country's elite, they came from old and wealthy families. This meant that when the Russians took over, they lost everything they had—most of their material possessions and the spiritual basis they had built their lives on. One grandfather escaped to Germany at the end of the war and died a year before I was born. My aunt who lived in Sweden looked after her father's grave in a small town's cemetery nearby Hamburg. The local municipality liquidated the graves of Estonians one day, without informing the relatives. It happened in the 1980s. Thus I cannot find this grave. I have his letters from the DP-camp and some other documents. The other grandfather was taken to Siberia but I saw him later. When I was a boy we measured our fingers, we both had similarly long ones. I saw my grandmothers and also some great uncles.

My grandparents' summer mansion in Rannamõisa witnessed a big battle in 1941: at one end of the site were the Germans, at the other the Russians. Shooting started unexpectedly and the family fled to the basement under the kitchen. The adversaries' bullets set the house on fire. The family crept out and fled into the woods but my granny's sister was wounded and died a few days later. My brother was born a few months later, so he had been in the cellar. The house was gone, then the state was gone, then the state came back and my mother got the site back. A symbolic battle, a symbolic fire, a symbolic tale.

I have been thinking about all these people and have tried to restore their stories to some extent. This has been especially edifying for me. I know how people worked a hundred and a hundred and fifty years ago, where and how they studied. I know where I come from.

I am sorry that they kept quiet. Had they told me at least something of it, I would have understood some things earlier and better. But I can understand their fears quite well. I have dreamed about them sometimes at night. I remember them. Their silence—the silence of the living and the dead alike—has been their story to me. And it has told me more than many stories I have actually heard.

Estonia is my home because I was born here. I have thought long about it: why here? What kind of experience am I looking for here? I may like some place more but this liking is also related to Estonia, nothing else. And if I do not like it elsewhere, it is also connected with Estonia. This is the only country I have to be responsible for. The other places offer opportunities but this is not it by far.

Estonians are rural people, they do not know much about towns. We have a few small towns in Estonia and they are being spoilt at present, total slums are being built and expected to be towns. But even as a rural inhabitant Estonians are funny, ready to sacrifice nature for cars and highways, ugly monsters of houses, industrial enterprises and on the whole for everything technological and mechanical. The sea is emptied, the yards are laid bare, alleys become rows of stumps and parks become residential developments. Estonians are crazy about mechanisms and all sorts of appliances.

Estonians are tough at work and tough at bearing a grudge. They do not say thank you and they do not praise others. They complain about trifles and argue about everything as if arguing in itself were the purpose of existence. They think the only work worth the name is manual, not intellectual.

As Estonians have a lot of mixed blood, we can find people here who are kind and gregarious like Mediterranean people, people who love the absurd like in Monty Python. There is no defined type, there are *blondettes and brunies*

Tüütu on eestlaslik üleüldine kemplemine. Aja jooksul ehk
saaks sellest üle, kui riigijuhid taipaksid alati eeskuju näidata.
Aga võib-olla peaks selleks vahetuma terve kultuurikontekst,
riigivalitsemise filosoofia ja isegi riigitüüp. Praeguse omamise
ja näitamise asemele peaks tulema olemise eelistamine.
Edukuse hindamise asemele peaks tulema tarkuse hindamine.
Siis kaoksid ehk labase kemplemise põhjused, motiivid ja
lõpuks ka tagajärjed.

> Vahel küsitakse, millega end trööstida, kui tunned, et
> teised eestlased on nii nõmedad, väiklased, jubedad ja
> igal pool mujal näib olevat parem. Mina ei tea, millal,
> kellele ja kuidas just trööst saabub, see on hoopis omaette
> lugu. Aga ma tahaks jälle korrata ühte igivana tarkust,
> mis ütleb, et vaata peeglisse ja alusta iseendast. Et sa ise
> ei oleks nõme, väiklane, jube ja kiuslik. Kui iseendaga
> vähekegi hakkama saad, siis on juba palju korda saadetud.

Soovitada on muidugi lihtne, aga teha raske, seda ma tean.
Kõige keerulisem ongi tundma õppida iseennast, aga see tasub
ettevõtmise vaeva, ela sa kus tahes ja ole kes tahes.

Iga inimest huvitab tulevik. Väikese Eesti puhul on asi ühemõtteline: kui
keelt suudetakse alles hoida, siis on tulevik olemas. Kui ei suudeta, siis jääb
ainult minevik. Rohkem variante ei ole. Kes Eesti asja säilitamisest mõtleb,
peab mõistma, et Eesti on ainukene asi, mille eest eestlased kannavad esmast
vastutust. Planeedi eest, suurte ühiste asjade eest ka, nagu iga inimene, aga
oma asja eest kõigepealt. Vastutusest aru saamine annab suure jõu.

> Mulle annab jõudu ka teadmine, et Eestis on alati elanud
> erakordseid inimesi, kelle tarkus on olnud erakordne ja mõju
> maale ning inimestele samuti. Sellised inimesed pole tavaliselt
> eeslaval, kõigile iga päev näha. Nimetan praegu siin näiteks
> Gunnar Aarma nime.

> Ma ei tahaks suurte sõnadega rääkida armastusest oma maa
> vastu. See pole ju mingi ülim omadus või kangelastegu,
> nagu seda Eestis vahel esitatakse. See on loomulik olek. Selle
> ületähtsustamine tähendab, et seda ongi vähe ja et meil on hirm,
> et seda on vähe. Selle ületähtsustamine on isegi tragikoomiline.
> Me nagu imestaks ikka ja jälle, et me oma maast hoolime. Aga
> mis siin imestada!

Estonians' general squabbling and bragging are tiresome indeed. We might overcome it in time if the leaders could sometimes be models of sense and sensibility. Perhaps we need a change in the whole cultural context, philosophy of ruling the state and even the type of state. Instead of the present possessiveness and showing off, existence should be preferred. Instead of appreciating success, we should appreciate intelligence, sagacity. This, hopefully, would make the reasons for, motives and finally the results of all this vulgar bragging disappear.

Sometimes it is asked how to find comfort if you feel that other Estonians are benighted, petty and brutish and it seems to be better everywhere else. I do not know how people find comfort, it is quite another story. But I would like to repeat an old truth: face the mirror and start from oneself—so that you yourself would not be mean, petty and brutish. If you manage to do it quite a lot has been achieved.

It is easy to advise, I know, and it is hard to do.
But the game is worth the candle if you learn to know yourself, whoever you are and where-ever you live.

Everybody is interested in the future. In small Estonia there are no two ways about it. If we can keep our language we will have a future. If we cannot, we will have only the past. There is no other way. Anyone who is concerned about keeping Estonia safe should understand that Estonia is the only thing we have primary responsibility for. All right, we have to be responsible for the planet and for the big common aims, too, but the first and foremost responsibility is for Estonia. Understanding this responsibility makes us stronger.

As for me, the knowledge that there have always been extraordinary people in Estonia, has given me strength. Their wisdom has had an extraordinary impact on the country and the people. Such people are not always on the foreground to be seen by everybody. I would like to mention Gunnar Aarma as an example, for instance.

I would not like to make a big speech about the love for my country. Patriotism is not a heroic or morally superior trait as it is sometimes presented. It is a natural form of existence. If we try to overemphasize it, it will seem like there is too little of it and that we are afraid that there is not enough. It is downright tragicomic. We act surprised that we care for our country. But what is there to be surprised about?

Viivi Luik

eriliselt tundliku meelega kirjanik – meie oma kanaarilind kaevanduses.

an especially sensitive writer, our own canary in the coal-mine.

Viivi Luik sügisese mere kaldaveerel.
Viivi Luik at the seaside in autumn.

Esimesi lapsepõlvemälestusi on mul kaks. On esimene hele mälestus ja on esimene tume mälestus. Need kaks mälestust on nagu kaks võtit. Ühega pääseb Eesti valgusepoolele ja teisega Eesti varjupoolele.

Hele mälestus on niisugune.

On mai lõpp või juuni algus.

Päike hiilgab taevas, maa peal hiilgavad võililled, rohi on noor, läikiv, roheline. Keset seda sära ja noore suve auhiilgust istun mina ja silmitsen huviga neid võililli, mis on mulle kõige lähemal. Ma ei oska veel rääkida, olen nii umbes pooleaastane, aga saan väga hästi aru, mis toimub. Siinsamas minu kõrval värvib isa uut mesipuud. Mesipuu katus on pandud muru peale tagurpidi maha ja mind on pandud sinna sisse istuma nagu kasti, et ma isa töö juures ei segaks. Kuigi mul on kavatsus esimesel võimalusel mesipuu katuse seest välja ronida ja värvi sees plätserdada, olen tasa ja paigal, ma ei taha oma ronimisega seda hetke ära rikkuda, minu arust on kõik nii ilus, et ma hakkan kõvasti naerma ja käsi kokku lööma. Mäletan seda eluaeg.

Tume mälestus on niisugune.

Olen alla kolme aasta vana ja seisan vanaemaga võsa ääres. Ilm on niiske ja kõle. Kaugemal, mööda välja äärt lähevad reed, kus istuvad hallid kössis inimesed. Vanaema neab. See, nagu tagantjärele selgus, on märtsiküüditamine, mida ma seal halli võsa ääres oma silmaga näen ja mille tunne mulle alatiseks meelde jääb, ilma et ma sel hetkel teaksin, mida ma näen. Selle pildi s i s u sain ma teada aga alles hiljuti.

Juhuslikult tuli emaga jutuks küüditamine. Ema rääkis jälle, kuidas Meida võeti kinni juba esimese küüditamise ajal, koolist tulles, ja et tal polnud muud seljas kui suvepalitu ja et jalas polnud tal muud kui rihmakingad ja et nii ta sinna Siberisse saadetigi.

Ema jutustas järjekordselt ka seda, kuidas Selma võeti kinni maja nurga juures ja tal polnud seljas muud kui ainult suvekleit ja et kaasa võtta ei lastud tal ühtegi kompsukest. Siis ta murdis koduõuest kaasa ühe lilleõie, ja nii ta läkski. Seda lugu Meida ja Selma kinnivõtmisest tean ma peast, olen seda ühes ja samas sõnastuses kuulnud eluaeg.

Seejärel läks jutt ka teise küüditamise peale.

Ma ütlesin emale, et mul on meeles, mis ilm sel päeval oli, ja ma kirjeldasin talle, kuidas me vanaemaga tookord võsa ääres seisime.

Ema rääkis siis, et me ei seisnud seal mitte sellepärast, et vaadata, kuidas küüditatakse, vaid et tema oli just sel ajal läinud pahaaimamata naabertallu piimanõud ära viima, kui sinna tulid küüditajad. Teda ei lastud enam tulema. Taheti kaasa viia.

Teda päästis üks tuttav mees, kes oli tunnistajana küüditajatega kaasas. See mees suutis küüditajatele selgeks teha, et ema pole sealt perest ja et tal on kodus väike laps.

Vanaema oli vahepeal teada saanud, et küüditatakse, ja tahtis näha, ega ema ole kinni võetud ja ree peale pandud. Sellepärast me seal võsa ääres neid regesid vaatasimegi!

Seda ma ei teadnud kõik need aastad. Alles kolme aasta eest sain teada! Nii suur oli see surmavaikus, mis Eestis valitses! Me ei tea, mida kõike me veel ei tea, sellest hoolimata, et me eluaeg oleme kuulnud, kuidas Meida ja Selma ära viidi!

I actually have two childhood memories. One is bright, the other is dark. These two memories of mine are like two keys. One opens the door to the light side of Estonia, the other to the dark one.

The bright memory is this:

It is late May or early June. The sun is bright in the sky, the dandelions like little suns in the grass. The grass itself is so fresh and green it glistens. Amidst the brightness and the glory of the young summer I sit and contemplate the dandelions closest to me. I cannot speak yet—I am about six months old—but I can grasp what is happening around me. My father is next to me, he is painting a new beehive. Its roof has been placed upside down on the ground and I have been seated in it as if it were a box confining me, so that I should not disturb him. Although I am planning to get out as soon as possible and play with the paint, I am still and do not. I do not want to spoil the beautiful moment. So I start laughing and clapping my hands. This I will remember all my life.

The dark memory is this:

I am not three yet. I am standing with my granny at the edge of the brush. It is grey, damp and chilly. Farther on in the field some sledges are going, grey huddled forms are sitting on them. My granny is imprecating. Now, with hindsight, I know this was the March deportation that I saw with my own eyes and that I will always remember, even when I did not know what I was watching just then. And what it was about, I learned only quite recently.

We started talking about the deportation again, mum and I. Mother told me again how Meida was taken during the first deportation. She was on her way back from school and had only her summer coat and sandals on … This is how she was taken to Siberia.

Mother also recounted how Selma was taken. She had been at the corner of her house, a light summer dress on. She was not even allowed to take any possessions. So she picked a flower from her flower bed and went …I know the story of Meida and Selma by heart, I have been hearing it told in the same words all my life.

After that we talked about the second big deportation. I told Mother that I remembered what the weather was like that day and how granny and I were standing there on the edge of the brush.

And then my Mother told me that we had not been watching the neighbours being taken away; we were standing there because she had just gone to take a milk can back to the neighbours when the men arrived to take us away. They had not wanted to let my mum go, they wanted to take her as well.

A local man taken along as a witness had managed to explain that mum was from another farm, had a toddler at home and could not be taken. Granny had meanwhile heard about the deportation and knew mother was at the neighbours' … This is what we were doing there, looking at the sledges.

And I had never known, for all these years! I learned about it only three years ago. Such was the deathly silence that ruled Estonia. We do not know how much we do not know, although we have heard all our lives how Meida and Selma were taken to Siberia.

Kui ma mõtlen endast ja Eestist, tuleb mulle kohe meelde, kuidas ma sõitsin esimest korda laevaga Rootsi. Kuidas laev läks läbi raudse eesriide, oli järsku teisel pool piiri ja kuidas see oli täiesti reaalselt tajutav.
    Ja kuidas ta siis jälle läbi
raudse eesriide tagasi tuli.
    Mõistsin selles laevas kogu oma olemusega, mida Ristikivi mõtles, kui ta ütles: "Läheksin küll, aga vesi on ees. Vesi ja kõledad kaljud."
    Minu Eesti on need Rootsi skäärid, mida ma olen
näinud ükskord raudse eesriide tagant.
    See Tallinna siluett ja need NSV Liidu sõjalaevad, mida ma olen kord näinud läbi raudse eesriide okupeeritud Eestisse tagasi jõudes.
    Tookord ma nägin ka, et puude ja rohu peale riigikorrad ja poliitilised süsteemid ei mõju. Mäletan, et vaatasin pärast Rootsist tulekut Eestis lepalehti, lasin neid läbi peo libiseda ja mõtlesin, et need on igal pool ja igal ajal ühesugused. Nende vastu ei saa ükski sõda, ükski maapagu, ükski maapealne võim. Pidi piiri ületama ja NSV Liidu sõjalaevu nägema, et sellest aru saada. Varem ei olnud ma nii lihtsa asja peale tulnud!

Minu eestlaseks kasvamise juures on olulised kaks nii erinevat inimest kui vähegi võimalik.
    Esiteks: minu vanaema Anna Kitsing, tsaariajast pärit, justkui elav ajalooraamat, kolm aastat koolis käinud, kuid kange raamatulugeja. Minu "Seitsmenda rahukevade" vanaema.
    Teiseks: Artur Alliksaar, vanaema täielik vastand, kuid ometi seesama.
    Halbade olude kiuste iseendaks jääv, keele külge seotud, keele kaudu
ajaloo küljes kinni, nii nagu selles Paul-Eeriku (Rummo) luuletuses
"keelt pidi külmas rauas kinni, emakeelt pidi kirves".
    Teatavasti on nii, et kui paned oma sooja elava keele vastu pakase käes seisnud kirvest, jääb keel kirve külge kinni. Pärast seda on su keel nülitud. Oma vanaema ja Alliksaare kaudu sain keele ja kirve korraga.
    Minu vanaema oli sild, mis ulatus kuuekümnendatest tagasi orjaaega, näljaaega, koerakoonlaste ja pisuhändade aega. Minu vanaema oli nagu Vana-Liivimaa ise. Jutud, mida ta rääkis, olid temast endast vanemad. Neid oli ta kuulnud oma vanaemalt, kes neid omakorda oli kuulnud oma vanaemalt. Nende lugude tegelased ja tegevused ulatusid tagasi seitsmeteistkümnendasse sajandisse ja kaugemalegi.
    Seda vana Liivimaad, millest ta nii elavalt rääkis, polnud keegi
kunagi oma silmaga näinud, kuid ometi oli see m e e l e s.
    Ajast aega kordus sellel maal äraminek. Oli palju lugusid sõjasõnumitest ja sõjasõnumite toomisest. Kahekümne viieks aastaks kroonusse minekutest. Peninukkide eest põgenemisest, kinnivõtmistest ja pääsemistest. Vanakuradist ja pisuhändadest. Need olid tumedad lood.
    Heledamat Eesti poolt kannavad need kaks suurt tamme, mis seisavad tänini Viljandimaal Oiul Joona talu õues. Neil tammedel on nimed.
    Ühe tamme nimi on Marie ja teise tamme nimi on Hans. Need tammed on minu isa vanemate istutatud nende pulmapäeval, üheksateistkümnenda sajandi teisel poolel. Marie-nimelise tamme istutas vanaema Marie. Hansu-nimelise tamme istutas vanaisa Hans. Läbi nende tammeokste paistab igavese suve päike.
    Neid maastikke, mida ma kunagi lapsena tundsin, ei ole enam alles. Need on kadunud. Nii nagu on kadunud buldooserite alla kunagi olemas olnud põlistalude asemed ja enamik kunagisi põlispuid. Maaparanduse nime all muudeti Eesti maastikke tundmatuseni. Ime on, et need Joona talu tammed veel alles on!
    Eks igal ajal ole olnud omad põhjused, miks kodu on kadunud. Kadunud kodust luuletasid vanasti juba Juhan Liiv ja Ernst Enno. Meie ajal laulis Juhan Viiding: "Isa viidi ära, ema viidi ära. Kodu läks ise ulgudes."

Eesti on tänini m a a. Külainimeste maa.
    Linnad on siin väikesed
    ja nendega ei osata suurt
    midagi peale hakata.
Euroopa vanad maad pole sugugi nii "kosmopoliitsed", kui eestlasele tundub. Seal mäletatakse rohkem kui Eestis. Mis ussisõnadest siin rääkida, kui Eestis ei tea paljud sedagi, mis on nende vanaisade-vanaemade nimed ja kuhu surnuaiale nad on maetud. Siiski teab mõni Itaalia või Šveitsi talumees täpipealt ütelda, kes samas talus viiesaja aasta eest elas. Eesti ajalugu ei ole olnud mälule soodne.

Minu jaoks on Eesti lõhn kartulõie lõhn kuumal suvepäeval. Kuid sama hästi võin ma ka öelda, et mis Eesti lõhnast me siin ikka räägime, kui Eesti haiseb! Haiseb nagu sigala!
    Eks minge Viljandisse ja Viljandi ümbrusesse ja ütelge, mis on Eesti
    "lõhn"! Samamoodi haiseb mõnikord Tartu. Tallinngi haiseb.
Sama lugu on Eesti heliga. Ma võin ju öelda, et minu
jaoks on Eesti heli puulehtede kahin. Ongi! Kuid
samahästi võin ma öelda, et Eesti heli on see räige
tümps, mida suvel isegi maal kuuleb.
    See käib ka Eesti maitse kohta. Minu jaoks on
    Eesti maitse värske suvise kärjemee maitse, kuid
    samahästi võin ka öelda, et Eesti maitse on igava,
    oskamatult tehtud "Eesti toidu" maitse, mida
    Eesti keskmistes söögikohtades maitsva toidu pähe
    pakutakse. Eesti asi on kahe otsaga asi!

Kõige suurem vabadusekogemus on mul seotud maaga, mis oli kõike muud kui vaba. Seegi on üks Eesti paradoks, vastuolu, millest ei saa üle ega ümber, kui räägin Eestist.
Nagu eespool öeldud, väljendab minu eesti keele kogemust täiuslikult see Paul-Eerik Rummo luuletus, kus ta väljendab selle valu, kes on pakasega oma kuuma keelt pidi külma kirve külge kinni jäänud.
    Alati, kui üks uus laps ütleb esimesed eestikeelsed sõnad,
    on talle kirves kätte antud. Sellest peale on ta seotud.
    On keele kaudu maa ja selle saatusega seotud, peab seda
    kandma. "Hinge kaudu kannad raudu," ütles Alliksaar.
    Sama hästi oleks ta võinud öelda: "Keele kaudu kannad
    raudu."

Eestlase nõrkus on üldiselt see, et ta oma nõrkust häbeneb.
Ei julge muret ega rõõmu väljendada. Lepib ebainimlike
olukordadega ja peab protesti virisemiseks. Ei palu ega täna.
    Eesti tugevus ja suurus on tema inimesed.
    Inimesed määravad ka selle, kas Eesti on
    kestev või kaduv.

Eestil on lootust ja tulevikku täpselt nii
palju, kui paljuks inimesed on valmis.

When I think about myself in Estonia, I recall immediately how I went to Sweden by boat for the first time. The ship went through the Iron Curtain and, suddenly, we were on the other side—and you could really feel it. And then comes the feeling I had when I came back through the Iron Curtain again and grasped what Ristikivi must have thought when he said, "I would go indeed but there are water and bleak cliffs in front of me."

My Estonia is the skerries of Sweden seen once from behind the Iron Curtain …
…the silhouette of Tallinn and the warships of the USSR that I saw when I returned from beyond the Iron Curtain to occupied Estonia I also saw then that the grass and trees were not influenced by political systems and regimes. I remember how I was looking at the alder leaves, letting them slip through my palm, thinking that they were the same, whatever the regime. No war, no exile, no earthly power can defeat them. I had had to go beyond the border and see the warships of the USSR to understand a simple thing I had never thought about before.

Two very different people have played an important role in my growing to be Estonian. The first was my grandmother Anna Kitsing, who was born in tsarist times, a living history textbook, although she had only three years of schooling. But she read a lot. She is the grandmother in my novel *The Seventh Spring of Peace*. The second is Artur Alliksaar, a complete opposite but with the same influence. Despite bad conditions he was able to remain himself.

He was bound to the language like in the poem by Paul-Eerik Rummo—
"the tongue stuck to the cold iron,
        the mother-tongue to the axe…"

We know that when we touch the ice-cold axe with the tip of our warm tongue, it sticks to the axe. I got both—the tongue and the axe—from my granny and Alliksaar.

My granny was the bridge between the present and the past—serfdom, famines, the "spark-tails" and dog-faced monsters. She was like Old Livonia. The stories she told me were much older than she was herself, she had got them from her grandmother who had heard them from hers. The plot and characters of these tales went back to the seventeenth century and even further. Nobody had seen The Old Livonia she spoke about but it was *remembered*.

Leaving is a theme that has been repeated again and again in this country. There was many a tale of news of war and bringing of news of war. Young men had to leave home for 25 years to serve in the imperial army. Fleeing from the dog-faced monsters, being caught and miraculously saved. Tales of Old Nick and goblins were dark stories. The lighter and brighter Estonia is represented in the two oak-trees that are still standing on Joona farm, Oiu village, Viljandimaa. They bear names. One is Marie, the other is Hans. My paternal grandparents planted them on their wedding-day in the second half of the nineteenth century, one planted by grandmother Marie, the other by my grandfather Hans. The eternal sun shines through these two oaks.

The landscapes I knew as a child do not exist any more; they have disappeared. Just like the places where ancient farms once stood and primeval trees once grew. The latter were destroyed by excavators and the process was called amelioration or land improvement. This made the Estonian landscape hard to recognize. It is a miracle that the Joona oaks still stand.

Every period has its own reasons for people losing their home. Juhan Liiv and Ernst Enno sang about it. In our era, Juhan Viiding said, "Father was taken away, Mother was taken away, Home departed on its own, wailing …"

Estonia is still a land of rural people. Towns here are small and somehow seem without a purpose. The old countries in Europe are not as "cosmopolitan" as Estonians think they are. They remember more than we do in Estonia. I am not thinking about the lost snake spells, I think about the people who do not know their grandparents' names or the cemetery where they were buried. Some Italian or Swiss farmer can say who lived on his farm five hundred years ago. Estonian history, however, has not favoured *memory*.

For me Estonia smells of potato blossoms on a hot summer day. But I can also say that Estonia stinks. Of pigsties. Go to Viljandi and its vicinity and try to say what the smell of Estonia is. Tartu stinks as well. So does Tallinn.

The same can be said about the sound of Estonia. For me it is the rustling of leaves. But it may also be this garish rave-up that one cannot escape even in the countryside in summer.

And the taste of Estonia for me is that of fresh honeycomb but who can say it isn't the taste of the dull, badly prepared "Estonian food" at mediocre cafeterias that pretend to offer something tasty and folkish? Everything in Estonia has two faces, two ends.

The greatest feeling of freedom for me is connected with the country that was anything but free. This is one of the paradoxes you cannot avoid when you speak about Estonia. As I said before, the meaning of the Estonian language is best expressed for me in Rummo's poem—it is the pain of being stuck to the cold axe with one's hot tongue. When a child says his Estonian words, he has been given the axe and will be bound to it from that moment on. When you are bound to the country by its language, you have to bear the burden of it. "Through your soul you bear the shackles," Alliksaar said. He could have said "through your language" as well …

The greatest weakness of Estonians is that they are ashamed of their weakness. They do not dare express their joy or their sorrow and thus they put up with inhuman situations, considering protest to be whining and complaining. They are not able to say "please" and "thank you".

The greatest strength of Estonia are its people. The people should determine whether Estonia remains or disappears. Estonia has hope and future but only as much as its people are ready for it.

suhe muusikaga on ühtaegu kirglik ja töine – tema vahendab Eestisse kuulamiseks maailma parimaid artiste ning unistab hea muusika võidukäigust Eestis.

Helen Sildna

is both businesslike and passionate about music—she brings the world's top performers to local venues and dreams of a day when good music enjoys critical and commercial success in Estonia.

Helen Sildna Vääna-Jõesuu männimetsas.
Helen Sildna in the pine forest of Vääna-Jõesuu.

Jah, kadakapõõsaste vahelt, Munamäe tornist ja vabaõhumuuseumist saab siin postkaardile ja fotoalbumisse ilusaid pilte kuhjaga. Ma ei hakka ka rääkima leiva lõhnast ning sellest, kuidas tuul küpseid viljapäid ja rukkililli sasib. Tahan mõelda hoopis millestki muust – Eesti inimestest. Mis meid liikuma paneb, innustab ja silmisse sära toob? Milles peitub me õnn, uhkus ja armastus? Eestimaa ei ole muuseum ega postkaart. See on koduks reaalsetele inimestele, eludele ja saatustele.

"Tee tööd, siis tuleb ka armastus" kuulutas Tammsaare. Ja arvatavasti on see lause nüüd meile kõigile mingil viisil aju siseküljele graveeritud ja näib olevat üks eestluse kümnest vanatestamentlikult armutust käsust. Varnast on veel võtta "Kes kannatab, see kaua elab", "Pill tuleb pika ilu peale" ja nii edasi. "Söögi ajal ei räägita," ühmas taluköögis pereisa, helpis kruubisupi ülehelikiirusel ära ja ruttas tagasi tööd rühmama. "Iga mees on oma saatuse sepp ja oma õnne valaja. Jaa! Jaa! Jaa!" müristatakse "Viimses reliikvias" laulda, kui tõrvikutega minnakse sõtta ... "Kui kord Kalev koju jõuab ..." Tööd tehes ja mingit ebamäärast imet oodates mööduvad elud, ilma et need vahel alatagi jõuaks.

Vahel unistan, et saaks küll eesti rahva paariks nädalaks kuhugi Itaalia külakesse transportida ja toredates Itaalia peredes lapsendada. Nii imelihtne ja imeline on see "La Bella Vita" – meie enda elu kunstiteos. Nad ju hästi lihtsad inimesed: kasvatavad oma *mozzarella*-pühvleid ja viinamarju, rügavad tööd, nagu jaksavad. Õhtuti aga istuvad kogu perega pikale põhjalikule õhtusöögile: räägivad elavalt päevastest tegemistest, joovad veini ja söövad kõige värskematest ning küpsematest hooajasaadustest valmistatud rikkaliku õhtusöögi, mis nõretamas heleroheliseet oliiviõlist, üle puistatud Parmesani juustu ning ürtidega. Nii on neid maast-madalast õpetatud: armasta ooperit, ema, naist ja lapsi, veini, head sööki ja ela iga oma päeva kohe isuga.

Eestimaa koosneb meie kõigi mõtete summast ja otsuste viljast. Meie võimuses on kasvatada aias basiilikut ja tokkroose, juua õhtuti verandal sõpradega veini, teha bändi, kirjutada luuletusi, mõelda välja sada uut Skype'i, aretada välja ennekuulmatuid õunasorte ja miks mitte – kirjutada Eestimaale täiesti uus ja palju helgem "Tõde ja õigus", mille põhjal meie lapsed hakkaksid koolides juba palju rõõmsamaid ja muretumaid vanasõnu ja elutõdesid õppima.

Hetkel kui ma selle kõik täie selgusega ära tabasin, hakkasin ma Eestimaad armastama ning minus pikka aega käärinud kärsitus ning soov siit lahkuda asendus hoopis uue – vabastava ja elevust tekitava tundega. Siin olla ei olegi kohustus. On hoopis vabadus. Tahan siin olla mitte kadakapõõsaste, tuuleveskite ega rookatuste pärast, mitte ka selle pärast, milline meie riik, linn või kodu on p r a e g u, vaid selle pärast, milliseks ta ükskord saada võib. Armastan seda käegakatsutavat potentsiaali, milles peitub sadu ja tuhandeid võimalusi midagi paigast nihutada, liikuma panna, muuta ja ära teha. Enda elus ja Eesti elus.

Eestimaa tundub vahel olevat pisut nagu üks torisev ja tõrkuv vanamees, kes väga ei tahaks selle moodsa elu ja asjadega kaasa tulla, lähemal vaatlemisel on see vanamees aga sisimas üks igavesti armas tegelane, kes sõbraliku keelitamise ning järjepideva seletamise ja selgitamise abil ükskord siiski leebub ning ühel heal päeval ise kaasa tatsab, et "no võib-olla ma siis ikka tulen vaatan ka seda noorte möllu ja mürtsu korraks".

Kallis Eestimaa, kerge ei ole sind armastada, oled selline karuse olemise ja puise ütlemisega. Aga pole hullu, teeme su korda ja täidame sind heade mõtete ning õnnelike inimestega.

Sure, it's possible to take beautiful photos and postcards galore from amidst junipers, from the Munamägi tower and the Open Air Museum. But I'm not going to talk about that, or the smell of bread, or how the wind rustles the ripe sheaves of rye and the bluebottles. I want to think of something quite different—about the people of Estonia. What motivates us, makes our eyes sparkle, urges us on; where is our happiness, our pride and love? Estonia is not a museum or a postcard. It is the home of real people with their real lives and destiny.

"Work, and love will follow," Tammsaare said. This sentence must be engraved in all our brains and seems to be one of the ten commandments of being Estonian. There are other sayings like "He who endures hardship lives longer", the local version of "don't count your chickens before they're hatched" and so on and so forth. "We do not talk when we eat," the master uttered in his kitchen and hastened to finish his soup to get back to work ... "Every man forges his own fortune, yes, yes, yes," they sing in the Estonian film classic *The Last Relic* when they rush into the battle with their torches. "When Kalev finally returns ..." Working and waiting for some vague miracle lives pass away before they have been properly started.

Sometimes I dream about getting Estonian people to some Italian village for a fortnight, where wonderful Italian families would adopt them. Their *bella vita* is such a miraculous masterpiece. They are simple people, raising their water buffalo for mozzarella and growing grapes, and they work hard. In the evening, however, the whole family comes together for their meal to discuss the day. They drink wine and eat the freshest possible seasonal food that is soaked in light-green olive oil and sprinkled with Parmesan cheese and herbs. From the very beginning they were taught to love opera, mother, wife and children, wine, good food, and to savour every day.

Estonia is the sum of our thoughts and decisions. We can grow basil and hollyhocks in our gardens and drink wine on the balcony with our friends in the evening. We can form a band, compose poems and invent a hundred new Skypes, breed new varieties of apples and why not—write a new and much brighter version of Tammsaare's *Truth and Justice* for Estonia on the basis of which our children could learn happier proverbs and wisdom at school.

At the moment when I grasped it I began to love Estonia and my long-fermenting yearning to leave was replaced by a new, liberating and exciting feeling. It is not my duty to stay here. It is my freedom of choice. I do not want to be here because of the junipers, windmills and thatched roofs; not because of what our state, community and home are like now but because of what they might become. I love potential, the hundreds of opportunities to move, shift and change, contained in both my own life and in the life of Estonia.

Sometimes I feel Estonia is like a grumbling and reluctant old-timer who doesn't want to move with the time and modern things. Looking closer, though, we see that he is a lovely person who needs lots of persuasion and explanations to become yielding and mild and join in the "young people's revels".

Dear Estonia, it is not easy to love you, as you are rough in your manners and wooden in your expressions. But no problem—we will brush you up and fill you with good ideas and happy people.

Anne Lütsepann

kiirgab elurõõmu. Nüüd, kui kogu pere on pesast välja lennanud, elab vanamemm vapralt omas kodus Obinitsa külje all.

sparkles with the joy of living. Now that her family has all left home, she lives alone near Obinitsa.

Anne Külanurm Obinitsa külje all.
Anne Külanurm near Obinitsa.

Minu isa ja ema elasid Obinitsast seitsme kilomeetri kaugusel Tedre külas. Seal oli mu sünnikodu. Abielludes kolisin mehe juurde Obinitsa piiri peale, kus elasime koos 46 aastat. Edasi üksi.

Tõeline kodu sümbol on pere. Mul on kaks last ja viis lapselast – nende kilked õue. Laudas loomad, töötegemiseks isiklik hobune. Karjamaal kepsutavad lambad. Laudas siga põrsastega. Koera haugatus, kuke hommikune kiremine. Need on saatnud mind läbi elu. Ma võin öelda, et olen õnnelik.

Praegu on see küll veidi muutunud, kodu on pigem sooja ahju, korstnast tõusva suitsu ja ahjust võetud õunakoogi nägu. Mesilaste sumina ja lastega koos tehtud tööde nägu.

Merest ei tea ma mitte midagi. Mulle meeldib sisemaa rohelus, eriti kevadise tärkamise aegu. Sirelite ja õunapuuõite lõhn. Värske mulla lõhn, seda juba mujalt maailmast ei leia. Otepää. Mets ja mäed. Võrumaa männimetsad ja nende lõhn. Minu sünnikodu oli metsaveerel, kus me käisime nurmkanade pesi otsimas ja seenel, marjul – ju see on metsa nii armsaks teinud. Nüüd on need ajad möödas. Metsa on palju lõigatud ja rüüstatud ning metsade ilu võlu on kadunud, ilmselt seepärast liigubki rahvas mere äärde. Kuniks sedagi seal.

Vaid taevas on igal aastaajal omamoodi: see ei sõltu valitsejatest. Seda tean ma hästi, sest olen oma kladesse juba kuus aastat märkinud iga jumala päev Obinitsa ilma parameetreid.

Setud on lõbusad, häätahtlikud ja avameelsemad kui suhna*. Lihtsa loomu, aga visa hingega: kui midagi ette võetakse, siis viiakse see ka ellu. Naised leiavad töö kõrvalt ikka aega kokku saada: käime praegugi koos rahvamajas, kus meenutame vanu aegu ja laulame, oma kombeid me oskame hoida. Setu erineb ehk ka selle poolest, et isegi väga vanad tahavad alati tantsu kaasa lüüa. Võtame pitsi viina ja luuletame muudkui ise uusi laule juurde.

Kõige lõbusam seltskond on meil lihavõtte ajal, kui kõik saavad kiigel kokku. Veeretame muna, teeme laulu ja muud isetegevust. Jõulupüha on meil vaikne aeg. Siis ollakse kodus ja öösel kirkos.

Ei ole mul kerge leida seda kõige ilusamat sõna setu keeles. Aga näiteks *tsibihärbläse*, mis tähendab tõlkes linavästrikku – see kõlab huvitavalt. Ja valge *häermä***.

Minu elu ilusam aeg oli lapsepõlv ja kooli-iga esimese Eesti Vabariigi aegu. Mäletan Pätsu ja Laidoneri, kes saatsid me koolipäevi läbi raamatute. Veel on meeles, et kauplusi oli vähem ja rändkaupmehed käisid meil pidevalt pakkumas igasugu kaupu nõeltest kuni rõivasteni. Vanemad käisid iga kahe nädala takka laadal, kust tõid meile barankasid või suhkrukringleid. Igal pühapäeval ja pühipäeval läksid kõik kirikusse – siis oli seal lasipuu küljes alati palju hobuseid. Meeles on ka hobustega käigud Võrru, vahel mitu korda päevas.

Elu oli siis vaiksem ja rahulikum, ei olnud sellist kiirust taga. Aeg liikus aeglasemalt, inimesed ei närvitsenud. Igaüks toimetas oma tööd omaette, kuid leiti aega ka omavahel kokkusaamiseks.

Eesti noored on tragid, edukad ja õpihimulised. Maatöid enam keegi ei tee, seepärast jääb aega lõbutsemiseks. Saadakse kokku, tehakse bändi. Tahaks vaid soovida seda asja, et oleks vähem joomarlust. Tahaks, et noored mõistaksid ausalt ja viisakalt elada. Et häbi ära ei kaoks. Kui kusagil rahva hulgas näen noori, kel nabad ja persed paljad, siis on küll piinlik. Kuidas need inimesed üldse kunagi asjalikku tööd saavad teha?

Kuid suur unistus on, et tuleks tagasi eestiaegne tööarmastus ega põlataks ära füüsilist tööd.

* – teised eestlased
** – valge õis

My father and mother lived in Tedre village, seven kilometres from Obinitsa. There I was born. When I married, I moved to my husband's home on the outskirts of Obinitsa and lived here together with him for 46 years. Since then I have lived alone.

Home means family—I have two children and five grandchildren—their voices around the house, animals in the barn and a horse of my own to do the work. Sheep in the pasture, the sow with her piglets in the pigpen. The dog barking and the rooster's cock-a-doodle-doo in the morning. These sounds have been with me all my life. I can say that I am happy. By now it has changed a bit, though, and home is the warm stove, the smoke from the chimney and the apple pie just out of the oven. Home now has the face of humming bees and all the work I have done together with my children.

I do not know anything about the sea. I love the greenery of the inland, especially in early spring when everything is born anew. The smell of lilacs and apple-blossoms. And the smell of fresh earth—I am sure one cannot find anything like that in the wide world. Otepää with its woods and hills. The pine woods of Võrumaa and their smell. I was born close to the woods, which were ours for picking berries and mushrooms, for searching for partridge eggs—all this made the woods so close to my heart. Now these times are gone forever. So much forest has been felled and the beauty and magic of them has been lost. Perhaps that is why so many people move to the seaside. As long as it is still there.

The sky has its own appearance every season, it does not depend on who rules the country. I know this from my own experience, I have been keeping record of the weather in Obinitsa every day for six years already.

The Setus are a jolly, good people, good-hearted and more sincere than the Suhnas*. They are simple people but tough; when they start something, they are going to finish it. Our women find time to meet; we come together at the community centre, sing and remember the old times. We know how to keep up our old customs. The Setus are different also in this way that even very old people still want to dance. We take a drink of vodka and then we make up new songs and poems.

The jolliest time is Easter. We all meet at the village swing. We roll eggs, sing and dance. Christmas is a quiet time when everybody is at home and goes to church at night.

The most beautiful time of my life was my childhood in the period of the first Republic of Estonia. I remember Päts and Laidoner who were familiar to me from schoolbooks. I also remember that there were fewer shops and peddlers moved from place to place selling everything from sewing-needles to garments. Our parents went to fairs every fortnight and brought home ring-shaped cracknels. Every Sunday and holiday all the people went to the church. How many horses there were in the churchyard then! I also remember how many times we went to Võru in our horsecart, some days even more than once.

Life was much more quiet then, with no haste. Time flowed far more slowly and people were not high-strung. Everybody had his or her work to do but there was also time to meet each other.

Estonian youth are smart and diligent in their studies. Nobody wants to work on farms any more and thus they have much more time for entertainment. They meet and make a band. I only wish they would not drink so much alcohol and that they would live honestly and have good manners. I wish they would not lose their feeling of shame. I feel embarrassed when I see some young people with bare navels and buttocks. Could people like them ever start working honestly?

My biggest dream is that people would love work again as they did in the Republic of Estonia, in the Estonian era before World War II.

It is not easy for me to find the most beautiful word in the Setu dialect. Perhaps it could be *tsibihärbläse* that means 'wagtail' and sounds interesting. And then the white *häermä***.

* the other Estonians
** a white blossom.

Eile nägin ma Eestimaad

Keisri Junkru Saksanina
Rabivere Juudova
Püssi Tapa Soldati
Lipniku Neeruti Auaste

Ala-Suhka Ala-Tsumba
Lõetsa Läätsa Mutsu Martsa
Moldova Läti Siberi
Igavere Massiaru
Aruaru Külaküla
Keelepera Kokuta
Küüravälja Kükitaja
Kühmamäe Külitse
Kalgi Alavere Kliima
Tömbi Nüri Naelavere
Kohtla-Nõmme Orjaku

Kibeküla Kidaste
Jälevere Jälgimäe
Kirbu Lutika Sääse Parmu
Puugi Risu Riiusalu
Roti Reo Riistakõrve
Kaansoo Kõdu Mudaste
Rääma Kärsa Kärnanina
Vinni Paistu Mädapea
Porisaare Põlgaste
Saastna Sapi Sarja Sassi
Ess-Suu Larvi Sitalisõ
Tarakvere Pususoo

Emmaste Mammaste
Hammaste Kõmmaste
Kübassaare Labassaare
Pillapalu Pintsatu
Lusti Lota Litu Lütä
Londi Lobi Luulupe
Lustivere Lullikatku
Lakovitsa Meeldemäe
Koeravere Kuri Muri
Võdivere Aratse
Võika Vorsti Liigalaskma
Röa Öakse Ülgase

Tsutsu Tudu Tõdva Tõre
Vana-Piigandi
Pikanina Plaani Plika
Iidva Mehide Mesisäär
Paljassaare Pihinurme
Ihaste Ahaste Kiljatu
Moe Moka Moloka
Iiripilli Ilbaku
Illusa Kulina Kudruküla
Räägi Rõõsa Kammeri
Sätsuvere Kikivere
Täkumetsa Tummelka

Praakli Pulli Pudivere
Munalaskme Nõrga Napi
Soo-Otsa Orgita
Lihalõpe Liiapeksi
Tuhu Nihu Mõega Mõra
Venijaagu Viivikonna
Aegna Roiu Taterma
Puujala Kargu Põduste
Paiküla Pahavalla
Lõpe Linnusitamaa
Loobu Kloostri Parasmaa
Neanurme Kiruma
Leina Palu Ringuta

Uduvere Tühjasma
Varivere Libatse
Hirmuse Ängi Äriküla
Uhti Umbusi Unukse
Ebavere Ahnejärv
Kavaldi Teenuse Ronivere
Sahkri Loosi Salavere
Rebaste Kõssa Kõvera
Kotinuka Kuradimuna
Põlula Põrgu Kohatu

Kõvaküla Kandiküla
Litsmetsa Matsiküla
Suitsumatsi Naistevalla
Mehikoorma Kanepi
Pinska Prossa Pinukse
Kaaratsautsa Kakerdaja
Kargaja Kergatsi Tolkuse
Kõlunõmme Pedetsi
Luiska Luusi Lakesöödi
Libi Limu Laossina
Jabura Jõõri Juraski
Laiaküla Mõniste
Kelmiküla Soodoma
Kerepäälse Keskmine

Kõrtsuotsa Paadikõrtsu
Kesse Napsi Ammuta
Prassinina Puskaru
Ihamaru Mäurassaare
Hullo Jõuga Humalaste
Kisuvere Vihasoo
Kiusumetsa Kiimariigi
Kõrkvere Pööravere
Kulmuvere Möllatsi
Kaika Koosa Kägiste
Viinahaua Kaude Keeri
Kääpa Kalme Kabeli
Korjuse Kõdu Kooljamäed

Ole Loo Pärivere
Armuse Andja Allika
Häädemeeste Raamatu
Rõõmu Rammu Raanitsa
Teadussaare Uljaste
Kauni Kuulja Laheda
Lembevere Ligema
Vara Vahva Vabamatsi
Suurerahu Vapramäe
Aardla Adra Abissaare
Selli Sepa Selgise
Häätaru Hellenurme
Kulla Kalli Kuninga

Taevaskoja Pärlioja
Puhtaleiva Laulasmaa
Rambirahu Turvaste
Pühaste Rahuste Õnniste
Jõulumäe Pidula Suur salm
Suur silm
Põhjatu Are Aastajärv
Liu
    Doris Kareva

Minu Eesti

Tiina Ristimets on selle raamatu idee autor ja kirjastaja.

Selle raamatu idee tekkis eelmisel aastal noorte laulupeol. Kogesin seal ühe väikese rahva tohutut ühtsuse ja uhkuse tunnet. Niisugust kodumaaga ühtekuuluvuse tunnet ei olnud ma kunagi varem nii ehedalt tundnud. Tunne oli nii võimas, et sellest andis märku iga pilk, sõna, hingetõmme ja südamevärin, mis tohutu inimmassi ühes rütmis laulma ja hingama pani. Siis äkki mõistsin, et see maa on seest palju suurem kui väljast. Seda mõistmist kinnitas ka raamatu tegemine ja kõik need inimesed, kellega töö käigus kokku puutusime.

Teadmine, et Eestimaal elab nii palju suure hinge ja missiooniga inimesi, tegi selle maa tulevikuvisiooni minu jaoks salamisi kuidagi helgeks ja turvaliseks. Mulle meeldib elada Eestimaal. Meeldivad kõik neli aastaaega isegi siis, kui pikk ja pime sügis ning lumevaene talv on üsna ühte nägu. Mulle meeldib, et minu poeg näeb oma tulevikku Eestimaal, kuigi kõik võimalused suurde maailma minemiseks on lahti. Mulle meeldib, kui saan eesti keeles rääkida inimesega, kellega tahan oma elu jagada. Jagada ühiseid unistusi, mälestusi ja väärtusi oma keeles ja omal maal – see on mulle tähtis. Ma olen siin õnnelik.

Tiina Ristimets came up with the concept for the book and served as publisher.

The idea for the book was born last year at the youth song festival. There I experienced a feeling of tremendous unity and pride over our small nation. Somehow I had never had this sort of pure feeling before—the feeling of being one with my native land. This emotion was fostered by every glance, word, breath and heartbeat that made this really big crowd of people sing and breathe in one rhythm. Suddenly I realized that the inside of the country is much bigger than its borders. The understanding was gradually fed by the process of putting this book together and the people we encountered along the way. Understanding that there were many people in Estonia who had an open heart and a mission made the vision of our country's future seem brighter and safer for me.

I like to live in Estonia. I like the four seasons, even if the long and dark autumn may at times resemble the snowless winter. I like that my son sees his future in Estonia, although he has every opportunity to leave for the wide world. I like it when I can talk in the Estonian language with the person I have chosen to share my life with. To share the values, dreams and memories we have in common in our own language, in our own country—this is essential to me.

I am happy here.

Liivika Tärk hoidis selle raamatu valmimist rea peal.

"Meie inimeste" tegemine tähendas minu jaoks osalemist aastapikkusel laulupeol. Sellisel salajasel ja õrnpeenel nagu härmalõng. Mõni noot või sõna igas päevas, mis ülendas, ehtis ja ehitas. Näen nüüd Eestit teisiti, maastik mu ümber on muutunud, olen temas rännanud, olnud pühendunud, kohanud temas imelisi inimesi ja teda paremini tundma õppinud.

Arvan end rohkem teadvat, mida ta vajab. Et hoitaks vaikust ja puhtust, eeskätt sisemist, seeläbi ka välist. Et sugulased oleksid sõbrad ja üleaedsega kohut ei käidaks. Et austataks vanu ja armastataks lapsi. Et hoitaks kokku ega mindaks lahku. Et antaks andeks ega veetaks vimma.
See raamat on armastuskiri Eestile.
Valu tema valu pärast, lähedus tema lähedusest. Pihtimus millestki väga isiklikust ja olulisest. Lõpuks tänu, et olen olemas siin ja praegu.

Liivika Tärk kept the book in line as it took shape.

Making the book *Our People* was like a year-long song festival for me. Still, it was a secret and gossamer thing. A note or a word a day to uplift, adorn and build. I see Estonia a bit differently now, the scenery around me has changed, I have traversed it, been immersed in it, met its people and learned to know it much better.
I think I know a little more now about what the country really needs. Keeping her quiet and clean on the inside, and by doing so, burnishing the exterior as well. The country needs kinfolk to be friends and not sue each other or their neighbours. It needs for the old to be respected and the children loved; for couples to stick together and for there to be less divorce and separation. It needs for us to be able to forgive and not bear grudges.
This book is a love letter to Estonia. It feels pain over her pain and the nearness of being close to her. It is a sincere acknowledgement of something essential and personal.
Ultimately gratitude that I exist, here and now.

Angelika Schneider seadis pildid ja tekstid harmooniliseks tervikuks.

Minu Eestimaa on sügisene vahtralehtedest vaip jalgvärava ja koduukse vahel, mis justkui hoolitseks, et võiksin poriseks saamata koju jõuda. Lehtede sahin lisab vahtra osutatud teenusele soojust ja mängulisust.
Minu Eestimaa on minu pere liige. Igal aastal tähistame me koos sünnipäeva. Sel aastal on meil juubel. Minu Eestimaa on pidulik.

Angelika Schneider edited the long texts into a harmonious whole.

My Estonia is the distance between my gate and the door to my home, covered with multicoloured autumnal maple leaves that seem to be there to keep my feet clean, preventing me from bringing mud into my home. The rustling of the leaves adds warmth and playfulness to the service my maple has given me.
My Estonia is a member of my family.
We celebrate her birthday every year and this year is her 90th anniversary.
My Estonia looks festive.

Remo Savisaar pildistas linde, loomi ja loodust.

See maa on mulle armas, see maa — Eestimaa. Siin on möödunud mu lapsepõlv, siin on mu juured ja kallid sõbrad. Lapsepõlvest on mul eredalt meeles nädalased suvitamised Võsul: männid, meri, lained, rannaliiv, liivalossid ning merikajakate kisa. See viimane on heli, mis toob hinge sügava igatsuse ning lennutab silme ette mälupilte.

Lapsepõlvest on selgelt meeles ka koolivaheajad, kui suvel sõbraga hommikust õhtuni ringi hulkusime. Enamasti mööda jõekaldaid seigeldes ning kalapüüki harrastades. Vesi tõmbas mind, seal oli põnev.

Eestimaa loodus on mind alati köitnud, kuid nüüd on suhe aasta-aastalt armastuseks kasvanud. Loodus on end mulle avanud ning näidanud hetki, mis mind sageli eufooriasse on viinud, õnnetunde tekitanud. Me võime olla õnnelikud, et meil on neli aastaaega. Meie loodus on rikas ning mitmekülgne. Hoidkem seda, mis meil on!

Remo Savisaar took the photographs of nature, and the animals and birds.

This country is dear to me—Estonia. My childhood passed here, here are my roots and my dear friends. My bright childhood memories are from summers in Võsu—the sea, its waves and sandy beach, sandcastles and the calls of seagulls. This sound always makes me remember and yearn for something.

I also remember the school holidays when my friend and I could roam around from morning till night. We had adventures on the riverbanks and fished. Water was alluring and thrilling for me.

Estonian nature has always been attractive to me but by now, year by year, this attraction has grown into love. Nature has opened itself up to me and given me moments of euphoria and happiness. We can be happy with all our four seasons. Our nature is rich and diverse. Let us keep what we have!

Kristi Tarand tõlkis kõik lood inglise keelde.

Miks armastan Eestit? Küllap ikka sellepärast, et siin on mu juured ja kõigi nende tuhande esivanema omad, ühised mulle, mu perele ja sugulastele, kes elavad siin praegu. Eestimaad, eriti Tallinna ja selle ümbrust, pean koduks.

Armastan meie kevadete maikellukese- ja sirelilõhna, suvede jasmiini- ja heinalõhna ning sügistki, mis lõhnab päris omamoodi.

Mul on olnud õnne reisida elu viimased kakskümmend aastat, esimesed viiskümmend ei olnud see võimalik, aga tahan elada ainult siin. Inimest võidakse aktsepteerida ka välismaal, aga mulle tähtis tunnustus (nähtavasti muutub see elu lõpuaastatega seoses olulisemaks) on kodumaine. Olen leidnud sõpru mujalgi ja jaganud nendega seda, mis meid huvitab, aga mu parimad sõbrad on siin.

Armastan inglise keelt, mis on mul võimaldanud teha tööd, mida naudin, aga eesti keele puhul jääb sõnast "armastus" väheks. Mulle teeb haiget, kui eesti keelele tehakse liiga, nagu on valus seegi, kui inimesed ei oska hinnata seda, mis meil juba on. Selle raamatu tõlkimisel pahandasin päris mitu korda selle üle, mis tundus mulle ebaõiglase ja enesekesksena. Miks mõeldakse esmalt sellele, mida Eesti on andnud neile ja mitte sellele, mida on tehtud Eestile?

Kristi Tarand translated all the stories into English.

Why do I love Estonia? My roots are here, and not only mine but these of all my ancestors, the thousand I know about, just like these of my family. Estonia, especially Tallinn and its vicinity, this is my place in the wide world. I love the lily-of-the-valley- and lilac smell of our spring, the philadelphus and fresh hay of our summer and the autumn smells, so different from everything else.

I feel fortunate that I have been able to travel during the last twenty years of my life. For half a century it was not possible, but I want to live only here, where I am not only accepted (this can happen abroad as well) but recognized—at my age it is important. I have found good friends in other countries with whom I have shared many things that interest us but my best friends are here.

I love the English language, which has given me the best opportunity to do the work I enjoy, but for the Estonian language even the word 'love' is not enough. It hurts when the beauty of it is violated, just like it hurts when people do not wish to appreciate what we have got. Translating the thoughts of the people who have contributed to this book, I was sometimes offended by what seemed egocentric to me. Why should some people first think of what Estonia can give to them and not what they should give in return?

Annika Haas pildistas inimesi, hetki ja olusid.

Minu Eestimaa on …

Lehmakook karjamaa sees. Ema rääkis ikka, kuidas nende pere viis last kogunenud ükskord päti pärast lehmakoogi ümber, et plärtsu teha. Vanem õde olnud kõige kangem. Võtnud telliskivi ja – plärts! Kodus mõõdetud pärast kasevitsaga üle, kellel kõige rohkem kooki riiete peal …

Piimapukk. Seisis täpselt poolel teel kooli sügava kraavi kaldal. Talvel oli kraav ääreni paksu lund täis. Sinna sai pukilt mõnusasti peakat hüpata. Suve hakul enne kooli lõppu esitasime klassiõdedega pukil peenemat estraadirepertuaari: Anne Veski "Jätke võtmed väljapoole" või Marju Läniku "Karikakart". Sügisel magas puki varjus külajoodik, kummikud pea all.

Vanaema kootud villased sokid. Minu ema ei oska sokke kududa. Mina ei oska sokke kududa. Selliseid sokke oskab nagunii kududa ainult vanaema.

Kasemahl. Igakevadine tervisejook. Augu puurimine puutüvesse on omaette rituaal, isa voolitud puutila sisse ilmuv esimene mahlanire maitseb keele peal kõige magusam. Ja siis tuleb püti peale sättida marlilapp, et maiad putukad teist sõõmu endale ei saaks.

Sellesinatse raamatu sisse pildistamine on kasvatanud mind veel rohkem oma Eesti külge.

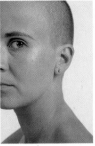

Annika Haas took the photographs of people, moments and circumstances.

My Estonia is…

A cow pie in the pasture. My mother told me how the five siblings of their family were naughty one day and gathered around a cow pat to make a big splash. The eldest sister was the strongest, took a brick and—splash! Afterwards at home a birch switch measured how much of the splash there was on everybody's clothes…

A milk can platform. It stood halfway to school, next to a deep ditch. In winter the ditch was full of thick snow and the platform enabled us to dive down into the snow. Before school ended in summer, my classmates and I used the platform to perform the best repertoire of pop music, such as Anne Veski's "Leave the Keys Outside" and Marju Länik's "Daisy". In the autumn the village drunk could be found sleeping under the platform, his rubber boots as a pillow.

Woollen socks knitted by my grandmother. Neither my mother nor I are able to knit socks, only grandmother can knit socks like that.

Birch sap. Nature's own tonic every spring. Boring the sap hole into the tree trunk is a ritual. Father has already carved the spout, it goes into the hole and the first drops are the sweetest. And then a piece of gauze is tied on the tub, so that insects would not get into the sap.

Taking the photographs for this book has brought me even closer to my Estonia.

Helve Hennoste vaatas, et eesti keel võimalikult ilusasti kõlaks.

Talvel, kevadel, suvel ja sügisel – igal aastaajal ja iga inimese arvates on Eestimaa isesugune, kuid alati oma ja milleski sarnane.

Eestist teevad Eesti kõik siin elavad inimesed: tuntud ja tundmatud, kellegi vanaemad-vanaisad, emad-isad, tütred-pojad … Meid on nii vähe ja meie maa on nii väike. Me peaksime hoidma kokku.

Tundub, et kõik tunnevad kõiki. Või vähemalt on kellestki kuulnud. Iga sõna ja tegu kajab vastu. Igaühest võidakse teha luuser, staar või prominent. Need on meie inimesed.

See on meie Eesti, minu Eesti … just siin ja praegu. Igaühele oma ja meile kõigile ühine.

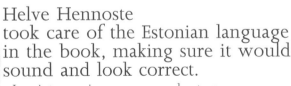

Helve Hennoste took care of the Estonian language in the book, making sure it would sound and look correct.

In winter, spring, summer and autumn—in every season and for every person Estonia is different but it is always our own and similar in some essential things.

All these people that live here—the known ones and the publicly unknown, somebody's grandfathers and grandmothers, mothers and fathers, daughters and sons—make Estonia what it is. We are few, we should stick together.

It seems as if everybody knew everybody else. Or has heard of them. Every word and deed is echoed or reflected. Everybody can be made a loser, star or VIP. These are our people.

This is our Estonia, my Estonia … here and now. Everybody's own country and in common for all of us.

Raamatu koostajad tänavad Riina Ristimetsa, Terje
Metsavast, Ivi Piibelehte, Ingrid Peeki, Jaanus Sammat,
Kertu Ehalat, Lauri Tuulikut ja kõiki häid inimesi,
kes jagasid meiega oma lugusid. / The editors and
publishers would like to thank Riina Ristimets,
Terje Metsavas, Ivi Piibeleht, Ingrid Peek, Jaanus Samma,
Kertu Ehala, Lauri Tuulik and all of the good people who
shared their stories with us.

Raamatu väljaandmist toetas /
Publishing is supported by

EESTI KULTUURKAPITAL

Aigi Vahingu loo tõlge on autori toimetatud.
The English translation of Aigi Vahing's story was edited
by the author.

Fotode autorid / Photos:
Annika Haas: 24, 34, 42, 51, 52, 58, 64, 67, 68, 80, 106,
114, 127, 135, 136, 138, 153, 167, 170, 176, 184, 211,
222, 242, 245, 246, 252, 284, 290, 303, 312
Remo Savisaar: 6, 18, 28, 37, 48, 74, 84, 90, 93, 98, 104,
108, 118, 122, 126, 132, 144, 150, 158, 164, 168, 182,
190, 192, 194, 200, 203, 208, 216, 226, 232, 235, 236,
258, 268, 274, 280, 293, 294, 300, 306, 318, 320, 326
Tanel Veenre: 12, 14, 20, 27, 30, 38, 39, 44, 45, 54, 60,
70, 76, 77, 86, 94, 100, 110, 123, 128, 140, 146, 154,
160, 172, 173, 178, 196, 204, 212, 228, 238, 248, 254,
262, 264, 270, 276, 286, 296, 308, 314
Veiko Tubin: 219
Lembe Veskimägi: 186, 187
erakogu / private collection: 205, 322-325

Joonistused/Drawings:
Angelika Schneider: 82, 185, 220, 237

Luuletõlked inglise keelde /
Translations of poems into English:
Doris Kareva: 18, 53, 69, 85, 109, 139, 171, 227, 263,
285
Ilmar Lehtpere: 195
Tiina Aleman: 13
Ivar Ivask: 207

EESTI